AF383326

Weihnachten ist in Sicht

Ein Adventskalender mit Geschichten und Gedichten von

Andrea Rohn

Die abgebildeten Gegenstände wurden entweder in Handarbeit von Privatpersonen hergestellt oder befinden sich bereits lange im Familienbesitz.

Fotos: Michaela und Andrea Rohn; S. 44 Jutta Schnell
Zeichnungen auf S. 14 u. S. 26: Ursula Reppmann-Wörsdörfer
Lektorat der Texte: Ursula Reppmann-Wörsdörfer

© 2023, Andrea Rohn
Herstellung und Verlag: BoD – Books on Demand, Norderstedt
ISBN: 9783756812295

Inhaltsverzeichnis

Für alle, die kleine Auszeiten im Advent schätzen

Dezember schenkt ein sel'ges Licht,
das heimlich durch das Dunkel bricht.
Denn immer wenn die Weihnacht naht,
dann streift ein Segen Herz und Pfad.
Alter Spruch

Vorwort

Im letzten Jahr brachte ich den Adventskalender „Im Advent kann viel geschehen" heraus. Darin veröffentlichte ich nicht nur meine eigenen Beiträge, sondern auch diejenigen von drei Frauen aus unserem privaten Schreibkreis.

Ein solches Projekt ist für mich nicht ständig zu stemmen. Daher entschloss ich mich, 2023 zwar einen neuen Adventskalender aufzulegen, allerdings nur mit meinen eigenen Texten und Gedichten.

Es entstand wiederum ein buntes Potpourri von besinnlichen, heiteren und ungewöhnlichen Einblicken in die vielfältige Welt der Vorweihnachtszeit.

01. Dezember

Zwei Elfchen

Goldgeglitzer,
Bunte Kugeln,
Plätzchenduft und Liederklang
Jedes Jahr im Dezember:
Weihnachtsfreudenlobgesang!

Lichterglanz,
Kerzen brennen,
Wachs tropft sacht.
Niemand stört es heute:
Weihnacht!

02. Dezember

Eisblumen

Im Hause der Witwe Martha Kärglich herrschte stets Schmalhans Küchenmeister. Elf Kinder hatte sie ihrem Heinrich geboren, von denen nur sieben überlebt hatten. Schon als ihr Ehemann noch lebte, musste sie jeden Pfennig zweimal umdrehen, damit es für alle reichte. Aber seit er vor vier Jahren beim Holzfällen von einem Baum erschlagen worden war, gab es oft nur das auf dem Tisch, was sie in Wald und Feld sammeln konnten.

Die beiden Ältesten, die Marie und der Georg, verdingten sich, seit ihrem siebten Lebensjahr, bei einem Gutsbesitzer. Den Hannes hatte sie zu einem Schneider in die Lehre geschickt. Der gute Mann hatte zwar kein Lehrgeld verlangt, dafür arbeitete der Knabe ausschließlich für zwei Mahlzeiten am Tag. Die siebenjährige Anna spann zuhause Wolle, die an eine Weberei in der Stadt geliefert wurde. Aber die Pfennige, die ihre Arbeiten einbrachten, glichen nicht den fehlenden Verdienst ihres Vaters aus.

Die Zwillinge Peter und Paul mit ihren sechs Jahren nahmen der Mutter im Stall, auf dem Feld und im Garten die Tätigkeiten ab, welche sie bereits verrichten konnten. Nur das jüngste Kind, Helene, genannt Lenchen, spielte noch, wie es sich für ein Mädchen von vier Jahren gehörte.

Lenchen war Marthas Sorgenkind, denn sie war in ihrem jungen Leben mehr krank als gesund gewesen. Dennoch war sie ihr das liebste von allen. Stets lachte die Kleine und brachte ihrer Mutter frische Blumen. Sobald ein Strauß der Wiesengewächse verblüht war, pflückte sie einen neuen. Selbst im Winter überredete sie einen der älteren Brüder mit ihr hinaus zu gehen und Zweige von den Sträuchern zu schneiden. Deren Knospen öffneten sich, wenn die Ästchen einige Zeit im warmen Wasser standen. Nicht immer blühten sie, aber zumindest trieben sie grüne Blätter.

In diesem Jahr allerdings trug es sich zu, dass Lenchen kurz vor Weihnachten mit einer schweren Erkältung das Bett hüten musste. Eigentlich hätte sie gerne den verwelkten Strauß ersetzt, aber dafür war sie viel zu krank.

Hustend, niesend und mit vor Fieber glühendem Gesichtchen, war das Kind kaum noch dazu in der Lage, etwas zu essen und zu trinken. Die kurzen Pausen, die ihm der Schlaf gönnte, waren eine Wohltat sowohl für Lenchen als auch für seine Familie. Alle befürchteten, dass die Kleine die schlimme Erkältung nicht überleben würde.

Martha hatte sich frei genommen, obwohl es gerade vor Weihnachten in der Küche des nahegelegenen Klosters viel zu tun gab. Einerseits hätte sie den Verdienst gut gebrauchen können, denn sie hätte gerne ihren Kindern wenigsten am Christfest eine sättigende Mahlzeit auf den Tisch gebracht. Andererseits sorgte sie sich viel zu sehr um ihre Jüngste.

Tag und Nacht wachte sie oder eines der Geschwisterkinder an Lenchens Bett. Alle nur erdenklichen selbst hergestellten Arzneien wurden dem Kind von ihnen eingeflößt. In regelmäßigen Abständen erneuerten sie die Wadenwickel, um das Fieber zu senken.

Aber lange Zeit sah es so aus, als würde nichts dem kranken Kind helfen können.

Lenchen hingegen beschäftigte, ob sie wach war oder träumte nur eines: Wie konnte sie ihrer Mutter einen neuen Strauß besorgen?

An Heiligabend sah sie in einen Fiebertraum ein kleines, goldgelocktes Kind, das sie an der Hand nahm und zu einer Wiese führte. Dort wuchsen Blumen aus Eis, die glitzerten, als wären sie aus Diamanten gefertigt. Sie sahen genauso aus, wie Lenchen sich diese wertvollen Steine immer vorgestellt hatte, wenn ihre Mutter ihr ein Märchen erzählt hatte.

„Du darfst dir so viele pflücken, wie du nur tragen kannst", erlaubte das fremde Mädchen ihr lächelnd.

„Nein, ich werde nur wenige nehmen", entschied Lenchen. „Es wäre schäbig, wenn ich den Bienen ihr Essen wegnehme."

„Du bist ein gutes Kind", sagte seine Begleiterin und schnitt mit einer goldenen Sichel einige Blumen ab. „Daher gebe ich dir die schönsten für deine Mutter mit."

Ehe Lenchen den ihm entgegengestreckten Blumenstrauß in die Arme schließen konnte, wachte es auf. Erfreut merkte es, dass ihm nicht mehr so heiß wie in den letzten Tagen war. Desgleichen quälten es Husten und Schnupfen nicht mehr.

Das Kind sah sich erstaunt um. An seinem Bett saß die Mutter und blickte es im Schein der ins Fenster hereinlugenden Morgensonne erleichtert an. Auch Martha hatte festgestellt, dass ihre Jüngste über den Berg war. Tränen der Erleichterung liefen ihr über die Wangen, während sie mit ihrer rauen Hand über die Wange der Kleinen strich.

„Du musst nicht weinen, Mama", forderte sie das besorgte Kind auf. „Jetzt wird alles gut." Dann wandte es seinen Blick dem Fenster zu und rief erfreut aus: „Sieh nur, welch herrliche Blumen mir das wunderschöne Kind für dich mitgegeben hat!"

Zunächst wusste Martha Kärglich nicht, was Lenchen meinte, doch als es auf das Fenster zeigte, sah auch sie die herrlichen Eisblumen, welche die Scheibe bedeckten.

„Jetzt brauche ich dir im Winter keine Zweige mehr zu schenken, Mama", atmete das Kind erleichtert auf.

Seit diesem Weihnachtsmorgen bedeckten die Eisblumen nicht nur diesen ganzen Winter lang die Scheiben der Kate. Sie kehrten jedes Jahr, sobald es im Herbst fror, zurück und blieben, bis es wärmer wurde.

03. Dezember

Wie sich Weihnachten anfühlt und klingt

Weihnachten ist weich, wie ein rotes Samtkissen, auf das ich mich allzu gerne legen würde. Andererseits traue ich mich dann auch wieder nicht, den edlen Stoff zu zerknautschen.

Weihnachten ist aber auch hart wie die glänzenden Gold- und Silberkugeln am Baum. Dass diese filigranen Gebilde so zerbrechlich sind, will ich bei ihrem Anblick gar nicht glauben.

Weihnachten fühlt sich an wie die weichen, duftenden Nadeln des Tannenbaums. Schade nur, dass er eigentlich schon nicht mehr lebt, wenn er uns Freude bringt.

Weihnachten ist zart und festlich wie der Gesang in den Kirchen. Etwas Unfassbares, nicht Greifbares, erfüllt auch die Häuser, wenn die Familien gemeinsam Lieder singen.

Weihnachten klingt und fühlt sich an wie Schneeflocken, die sachte vom Himmel zur Erde schweben.

Weihnachten hört sich an wie das Gleiten der Schlittenkufen im frisch gefallenen Schnee. Hinzu kommen das Schnauben der Pferde und das leise Gebimmel der Glöckchen an ihrem Geschirr.

Weihnachten läuten die Kirchenglocken festlicher als zu anderen Zeiten im Jahreslauf. Es scheint, als wüssten sie, dass sie eines der drei Hochfeste mit ihrem Schwingen und den weit ins Land schallenden Tönen ankündigen.

An Weihnachten scheint die Zeit stillzustehen. Frieden und Ruhe kehren ein, nach den hektischen Adventstagen.

04. Dezember

Kein richtiger Weihnachtsbaum

„Ein Weihnachtsbaum kann das nicht sein",
sagt Lotti zu dem Bruder.
„Ich, Katerchen, bin noch recht klein,
doch läuft was aus dem Ruder."

„'ne Tanne sieht ganz anders aus",
sinniert das Kitten weiter.
„Auch ist das hier kein Fichtenstrauß.
Das finde ich nicht heiter."

Es schaut zur Spitze von dem „Baum",
der ganz aus Draht geformt.
Man sieht's ihm an: Es glaubt es kaum,
dass dieses Ding genormt.

Der Leslie denkt nicht lange nach;
beschnüffelt eine Kugel.
„Der Ball ist kalt. Welch' Ungemach!
Ich glaub', dass ich das google!"

Noch schaut der Lotti an, den Baum,
weil er's nicht fassen kann,
da surft der Leslie im Net-Raum
und find' die Lösung dann.

„Der Baum ist eine Sparversion",
erklärt er seinem Bruder.
„Es kaufte diese Sorte schon
lange das Menschen-Luder."

„Hier steht, dass Kitten äußerst gern
die Einrichtung zerstören.
Doch liegt uns beiden das nicht fern?
Das können wir beschwören!“

„Den Tannenbaum“, so fährt er fort,
„würden wir besteigen,
als gäb‘ es keinen bess‘ren Ort!
Den Menschen werd‘ ich‘s zeigen!“

Schnell kommt der Leslie angebraust,
schlägt mit der Pfot‘ die Kugel
gar fest, dass sie heruntersaust –
So viel zu „Nas‘weis“ Google!

05. Dezember

Das Christkind backt Plätzchen

Wie war meine Kinderzeit noch voller Wunder. Erschien in der Adventszeit das Abendrot am Himmel, sagte mein Oma: „Das Christkind backt Plätzchen."

Sogleich stellte ich mir eine Backstube im Reich der Wolken vor. Darin stand ein gemauerter Ofen, in den nicht einfach Backbleche mit den Teiglingen hineingeschoben wurden. In meiner Fantasie sah ich das Christkind – das stets ein kleines, blond gelocktes Mädchen war und mit dem Baby in der Krippe nichts gemein hatte – mit einem Brotschieber hantieren.

Auf der brettartigen Fläche lagen die wunderschön geformten, rohen Plätzchen und wurden dann von dem Christkind mit Schwung in den Backraum befördert. Nie fiel eines aufs „Gesicht" oder landete auf dem Boden. Ich traute der kleinen Bäckerin, die eine Erfahrung von mehreren Jahrhunderten aufwies, kein solches Malheur zu. Auch verbranntes oder zerbrochenes Backwerk gab es in der himmlischen Backstube nicht.

Während das Christkind für die Bedienung des Ofens zuständig war, sorgten kleine Engel für Feuerholz. Dieses trugen sie – immer zu zweit – in einem Korb mit zwei Henkeln von draußen in die Backstube. Dort wurde es in der Nähe der Heizquelle aufgestapelt – natürlich immer weit genug weg, damit kein Funken es entzünden konnte. Ja, mit dem „Stochen", dem Nachlegen von Holz aufs Feuer, kannte ich mich aus, da in der Küche meiner Großeltern ein Herd und in dem Zimmer dahinter ein kleiner Ofen stand. Beide wurden mit Holz betrieben, das mein Opa hereinholte.

Ein etwas älterer Engel war dafür zuständig, dass die Flamme stets gleichmäßig brannte, um die Temperatur zu halten. Daher schaute er, mit einem Topflappen seine Hand schützend, nach, indem er den Metallknopf der Tür zur Feuerkammer drehte und diese dann öffnete. Wenn er glaubte, dass das Holz weit genug heruntergebrannt war, legte er frische Scheite nach. Anschließend schloss er die Tür wieder.

Für die Herstellung des Teiges und das Formen oder Ausstechen der Plätzchen musste eine große Engelschar an verschiedenen

Tischen arbeiten, die in der Backstube verteilt standen. Die Engel waren allerdings viel gesitteter als gleichaltrige Kinder. Sie gingen nicht nur sehr sorgsam mit den Zutaten um, sondern sorgten auch dafür, dass nichts auf den Boden fiel. Verschwendung war ein Wort, welches es im Himmel nicht gab.

Jeder Engel hatte seine Aufgabe und führte diese zuverlässig aus. Nie kam es zu Zank oder Streit. Keiner beschwerte sich über die gleichförmige und viele Arbeit. Da Engel keinen Schlaf benötigen, konnten sie rund um die Uhr im Einsatz sein.

Seltsamerweise traf letzteres nicht auf das Christkind zu, denn sonst wäre der Himmel in der gesamten Adventszeit den ganzen Tag und auch nachts rot von den Flammen des Ofens gewesen. Dieses Wesen arbeitete nur, wenn wir auf der Erde das Abendrot sehen konnten. Und trotzdem buk es in diesen kurzen Zeiten so viele Plätzchen, dass kein Kind auf Erden sich jemals beschwerte, keine erhalten zu haben. Das war jedenfalls mein Standpunkt.

Was ich nie infrage gestellt habe ist: Warum heißt es beim Erscheinen des Abendrots nur in der Adventszeit „Das Christkind backt Plätzchen"? Das Phänomen ist schließlich an vielen Abenden im Jahresverlauf zu beobachten, wenn am nächsten Tag eine Schönwetterfront ansteht.

06. Dezember

Mein Bischof Nikolaus

Als in diesem Jahr der Advent begann, erinnerte ich mich, dass ich in meinem Fotoalbum Bilder vom Nikolaus gesehen hatte. Auf der Beschreibung dieser Fotografien beruht der nachfolgende Text.

Ich war knapp neun Monate alt, da betrat am Nikolausabend ein fremder Mann die Wohnung der Mia-Oma[1]. Er trug einen seltsamen beigen Hut auf dem Kopf. Heute weiß ich, dass diese Kopfbedeckung mit dem rot-beige gemusterten Kreuz eine Mitra war. Sie verdeckte den Großteil seiner Frisur und der Stirn. Nur an den Seiten und am Hinterkopf schauten mittelblonde Haare hervor.

Der unterhalb der Nase gelegene Teil des Männergesichtes war ganz hinter einem langen, weißen Bart verschwunden. Dieser reichte bis auf die Brust und war für mich ein ungewohnter Anblick, denn in meiner Familie gab es keine Bartträger.

Anstelle von einem Pullover und einer langen Hose kleidete ihn ein dunkelrotes und weites Gewand. Dieses priesterliche Kleidungsstück nennt sich Kasel. Es besaß zwar keine Ärmel, reichte ihm aber bis zu den Knien. Von den Schultern bis zum Saum des Gewandes schmückten es zwei parallel darauf aufgenähte Stoffstreifen. Ihre Grundfarbe war beige, jedoch waren ihre Ränder mit goldener Spitze eingefasst. Die jeweilige Mitte bedeckte eine Stickerei. Dies stellte wohl eine Stola dar. Zwischen den beiden Stoffstreifen hing an einer langen Kette ein männerhandlanges Goldkreuz.

Unter der Kasel trug er ein langes kleidartiges Gewand mit weiten weißen Ärmeln. Dieses Kleidungsstück, die Albe, sah unter der Kasel hervor und reichte dem Mann insgesamt bis auf die schwarzen Lackschuhe. Während ein Großteil aus einem weißen, fließenden Stoff bestand, war im unteren Drittel eine ebenfalls weiße Spitze angenäht.

Bei den Ärmeln verhielt es sich etwa genauso. Den oberen Arm bedeckte der gleiche weiße Stoff. Daran schloss sich, etwa in der Mitte des Unterarms, die weiße Spitze an.

---

[1] Siehe hierzu auch „Die Plätzchen der Mia-Oma"

In einer seiner von weißen Handschuhen bekleideten Hand hielt er einen langen, weißen Stab, der ihm bis zur Spitze seiner Mitra reichte. Etwa in Höhe seiner Stirn war auf den Stab ein mittelbrauner Metallaufsatz, dessen oberes Ende schneckenhausartig gerollt schien – der Hirtenstab eines Bischofs.

Natürlich wusste ich in meinem jungen Alter trotz seiner Gewänder und der Insignien nicht, dass ein Bischof vor mir stand. Aber meine Eltern und meine Patentante blieben ruhig und entspannt. Sie stellten mir den Mann als den Nikolaus vor.

Auch mit diesem Namen konnte ich niemanden, den ich kannte, in Verbindung bringen. Mein Papa hieß zwar Klaus, was eine Kurzform von Nikolaus ist, aber der konnte sich unter dem Bart und den seltsamen Kleidungsstücken nicht verbergen. Er war ja mit im Wohnzimmer und machte Fotos.

Womit ich hingegen etwas anfangen konnte, war, dass der Fremde nett war. Er hatte einen großen, weißen Beutel dabei, den die Erwachsenen als Sack bezeichneten. Daraus holte er einen Schokoladenweihnachtsmann und ein paar Schokokugeln hervor. Diese Süßigkeiten schenkte er mir.

Dann setzte er sich, seinen Hirtenstab in der Rechten, zu meiner Patentante und mir auf das Sofa. Diese Gelegenheit nahm ich wahr, um mir die Handschuhe näher anzusehen. Da ich in meinem zarten Alter noch nicht allein stehen konnte, musste meine Patentante mich unterstützen. So saß ich halb auf ihrem Schoß, halb stand ich. Nur mit gucken war es natürlich nicht getan, denn ein Kleinkind muss auch alles berühren, um es zu begreifen. Ganz vorsichtig und nur mit einem Finger fuhr ich über den Daumen der mir hingehaltenen Hand. Die ungewohnte Fingerbekleidung war weich und warm. Interessant!

Papa machte ein Foto von uns Dreien, ehe sich auch Mama zu uns setzte. Dafür tauschten der Nikolaus und meine Patentante die Plätze. So kam es, dass der Bischof zwischen Mama und ihr zum Sitzen kam. Und ich durfte auf den Schoß vom Nikolaus!

Seinen Stab lehnte er an seine Schulter, damit er mir nochmals seine Geschenke zeigen konnte. Papa meinte, dass diese unbedingt mit aufs Foto drauf mussten. Dieser privilegierte Platz gab mir die

Möglichkeit, das Gesicht des Bischofs genauer zu betrachten. Einen Fremden, der mir so tolle Sachen schenkt, musste ich mir merken.

Ehe Nikolaus ging, untersuchte ich noch schnell seinen Geschenkesack, den er unvorsichtigerweise geöffnet neben mir auf das Sofa gelegt hatte. Papa machte noch einen Schnappschuss, denn er fand, dass dieses Ereignis festgehalten werden musste. Ich kam nämlich auf die Idee, meinen Schokoweihnachtsmann gegen ein noch schöneres Geschenk eintauschen zu wollen. Gerade war ich dabei, die Süßigkeit zurück in den Sack zu legen, da drückte Papa auf den Auslöser.

Leider kam ich nicht mehr dazu, herauszufinden, was sich noch alles in dem, zugegebenermaßen, recht leeren, weißen Sack befand. Der Nikolaus sagte, dass er gehen müsste, weil noch andere Kinder auf ihn warteten und die restlichen Geschenke für diese wären. Dann gab er mir den Schokoweihnachtsmann in beide Hände und nahm seinen Geschenkesack vom Sofa.

Ich fand es echt schade, dass ich keinen Blick auf die weiteren Gaben erhaschen konnte. Dennoch freute ich mich, dass Nikolaus mich besucht hatte und mir die Süßigkeiten hier ließ.

„Bis nächstes Jahr", sagte er, während er seinen Bischofsstab in die eine Hand, den Sack in die andere nahm. „Bleib schön brav!"

Ich schaute ihm nur wenige Augenblicke enttäuscht nach, dann untersuchte ich meinen Schokoweihnachtsmann genauer. Innerhalb weniger Momente hatte ich den aufregenden Besuch des fremden Mannes bereits wieder vergessen.

Viele Jahre später erfuhr ich, dass ich diesen einzigartigen Nikolausbesuch meinem Onkel Jakob zu verdanken hatte. Seine Verbindungen mit einer Ordensgemeinschaft, der sein Bruder beigetreten war, hatte es ihm ermöglicht, diese Messgewänder für sich auszuleihen. Somit kam ich an meinem ersten Nikolausabend in den Genuss, einen „richtigen" Nikolaus kennenzulernen.

07. Dezember

Die „Klage" des Knecht Ruprechts

Immer steht ER im Mittelpunkt. Oh, ich vergaß zu erwähnen, wen ich damit meine: den Bischof Nikolaus natürlich; dieser Mann mit den weißen Haaren und dem Rauschebart. Meist verdecken seine aufgeplusterten Augenbrauen auch noch einen Teil des Gesichtes.

Nun ja, imposant ist er, mein Chef. Sein Hut, den man Mitra nennt, macht ihn um mindestens einen Kopf größer – allein deshalb überragt er fast jeden. Dazu kommt seine festliche Albe in weiß und Gold. Albe, das ist der lange Kittel, der seine stattliche Figur – Nikolaus ist ein guter Esser – von den Schultern abwärts bis auf die Stiefelspitzen umhüllt. Hinzu kommt sein Hirtenstab, dieser lange Stock mit der schneckenartigen Krümmung am oberen Ende, der selbst den großen Mann mitsamt seiner Mitra noch überragt.

Ach, fast hätte ich es vergessen: das goldene Buch! Er trägt – nein, eigentlich schleppe ich es ja – diesen Wälzer mit den Eintragungen für jedes einzelne Erdenkind stets mit sich. Aus ihm liest er dann vor. Sollte das Kind brav gewesen sein, greift Nikolaus in seinen Jutesack. Er holt ein kleines Geschenk und eine Leckerei hervor, die er sodann überreicht. Anschließend darf ich den schweren Sack auf die Schultern wuchten und hinter ihm her schleppen. Für diejenigen Kinder aber, welche im letzten Jahr über die Stränge geschlagen haben, bin dann ich zuständig. Sie bekommen meine Reisigrute zu spüren. So steht Bischof Nikolaus als lieber, guter Mann da, während ich stets als der Böse gelte.

Jetzt habe ich wieder einmal nur von meinem Chef gesprochen, dabei wollte ich euch eigentlich mein Leid klagen. Ist es nicht schlimm, dass sogar ich, der Knecht Ruprecht, mich selbst vergesse?

08. Dezember

Die Schneekugel

Jeden Nachmittag, wenn der siebenjährige Marcel von der Schule nach Hause ging, führte ihn sein Weg über den Marktplatz. Vom Sommer bis in den Herbst hinein legte er diese Strecke zügig zurück. Als aber im Advent die ersten Buden des Weihnachtsmarktes aufgebaut wurden, trödelte er und schaute sich deren Auslagen aufmerksam an.

In der ersten Woche öffneten die meisten Stände allerdings erst am frühen Abend. Da es zu dieser Zeit bereits dunkel war, fand der Junge keinen plausiblen Grund, um nochmals aus dem Haus zu gehen. Außerdem kamen dann auch seine berufstätigen Eltern heim und hielten nichts mehr davon, anschließend noch über den Markt zu laufen. Und am Wochenende fuhren sie zu den Großeltern, sodass auch diese Möglichkeit ausschied, seine Eltern zu einem Spaziergang mit einem Abstecher über den Weihnachtsmarkt zu bewegen.

Am Montag nach dem zweiten Advent hatte Marcel mehr Glück. Über die Hälfte der Stände öffnete bereits am Nachmittag. Zwar führte sein Schulweg ihn schon mittags über den Marktplatz, aber nun konnte er nochmals dorthin zurückkehren, ehe seine Eltern nach Hause kamen.

Gierig sog er die nach Lebkuchen und Spekulatius riechende Luft ein. Auch den Duft der frischen Tannenbäume, die auf den Verkauf warteten, nahm seine Nase als angenehm wahr.

Einmal blieb er am Waffelstand stehen und kaufte sich eine mit Sahne gefüllte Vanillewaffel. Ein anderes Mal zog ihn die Imbissbude mehr an, wo er sich entweder eine Bratwurst oder Pommes gönnte. Von all diesen Mahlzeiten durften seine Eltern nichts wissen, denn sie achteten sehr auf die gesunde Ernährung ihrer kleinen Familie.

Um die Glühweinverkäufer machte er allerdings einen großen Bogen, denn den Geruch des Alkohols mochte er nicht.

Mit seinem süßen oder herzhaften Snack in der Hand, schlenderte Marcel zwischen den Buden umher und betrachtete, was dort alles angeboten wurde. Es gab einen Verkaufswagen mit gebrannten

Mandeln, Lebkuchenherzen, Zuckerwatte und vielen bunten Süßwaren, Stände mit weihnachtlich bestickten oder gehäkelten Deckchen, Kunsthandwerk aus Metall oder Holz, Marionetten, Krippen und dazugehörige Figuren von nostalgisch bis modern, erregten schon eher seine Aufmerksamkeit. Aber noch immer hatte er nicht gefunden, wonach sein Herz verlangte.

In der dritten Adventswoche staunte Marcel, als er auf dem Heimweg von der Schule auf dem Marktplatz ankam. Sämtliche Buden waren geöffnet. Sogar zwei neue hatte man am Ende der langen Reihe aufgestellt.

Diesmal suchte der Junge sofort den Waffelstand auf und kaufte sich sein Mittagessen. Mampfend schlenderte er an den Ständen vorbei, deren Auslagen er bereits kannte.

Als er die Buden erreichte, welche bisher verschlossen gewesen waren, schob er den letzten Bissen gerade in den Mund. Sich die Finger ableckend, betrachtete er das Angebot des ersten ihm unbekannten Standes.

Bereits bei seinem oberflächlichen Blick stellte er fest, dass er hier nicht fündig würde. Er wünschte sich keine Eisenbahnanlage, denn die hatte ihm das Christkind letztes Jahr beschert. Er hatte auch nicht die Absicht sie zu erweitern oder zu ergänzen.

Daher suchte er die nächste Bude auf. Aber auch dort gab es das nicht, was er ganz mit großen Buchstaben auf seinen Wunschzettel geschrieben hatte. An diesem Stand gab es Wollsachen in allen Variationen.

Nun blieben ihm nur noch die beiden letzten Markstände.

Marcel traute seinen Augen nicht, als er sich dem zweitletzten zuwandte, der sich etwas zurückgesetzt hinter demjenigen des Weihnachtsbaumverkäufers befand. Endlich hatte er gefunden, wonach sein Herz begehrte: Schneekugeln. Der ganze Stand war übersät mit diesen herrlichen Gebilden.

Der Junge strahlte übers ganze Gesicht, denn er konnte es nicht fassen, dass es so viele verschiedene gab. Da waren winzig kleine mit nur einer einzigen Figur darin. Aber auch so große, dass er sie kaum mit zwei Händen hätte halten können. In deren Innern befanden sich ganze Dörfer oder gleich mehrere Szenen der Weihnachtsgeschichte. Es gab teuere aus Glas und preiswerte aus Plastik, welche mit sehr einfach gefertigten Figuren und andere mit bis ins Detail ausgearbeiteten. Manche waren in der Mitte geteilt, um dort ein Foto hineinstecken zu können, doch die interessierten Marcel nicht. Er suchte eine ganz besondere, von der er bereits mehrfach geträumt hatte.

Schon nach kurzer Zeit schwirrte ihm der Kopf von der überwältigenden Auswahl. Außerdem war es spät geworden und er musste sich sputen, um noch vor seinen Eltern zuhause zu sein. Morgen, so nahm er sich vor, würde er sofort nach der Schule zu diesem Stand gehen und nach seiner Kugel suchen.

Die nächsten vier Tage zog es Marcel jeden Mittag zu den Schneekugeln hin. Jede einzelne betrachtete er ganz genau, wobei er Reihe für Reihe in Augenschein nahm. Doch auch, als er die letzte geprüft hatte, fand er nicht, wonach er sich sehnte.

Als der Junge freitags mit enttäuschter Miene den Stand verlassen wollte, sprach ihn der Verkäufer an. „Du kommst nun schon zum fünften Mal hierher und bewunderst meine Schneekugeln“, sagte der bärtige, alte Mann mit einer tiefen Stimme. „Aber keine einzige scheint dir so zu gefallen, dass du sie wenigstens einmal in Händen halten willst.“

„Ja, da haben Sie recht“, erwiderte Marcel traurig. „Sie sind alle wunderschön, aber diejenige, von welcher ich geträumt habe, ist nicht darunter.“

„Komm nächste Woche wieder, denn am Dienstag werde ich weitere Schneekugeln aus meiner Werkstatt hinzufügen. Vielleicht ist dann ja diese besondere Kugel dabei“, forderte der Mann ihn auf und schenkte dem Junge damit etwas Hoffnung.

So sehr Marcel sich auf den angekündigten Tag freute, das Leben machte ihm einen Strich durch die Rechnung. Beim Krippenspiel fiel ausgerechnet der Darsteller des Josef aus. Seine Lehrerin traute Marcel zu die Sätze bis zur Aufführung auswendig lernen zu können. Daher musste er notgedrungen an den Nachmittagen in der Schule bleiben. Dort musste er den Text und den Ablauf des Krippenspiels mit Klara, dem Mädchen, das die Maria spielte und den anderen Darstellern üben. Dadurch käme er erst kurz vorm Dunkelwerden nach Hause – wenn er keinen Abstecher zu dieser besonderen Bude auf dem Weihnachtsmarkt machte. Allerdings erklärte sich die Mutter von Klara bereit, ihn nach den Proben heim zu fahren.

Die Aufführung war bereits am Freitag vor dem vierten Advent, sodass Marcel die ganze Woche über nachmittags keinen Fuß auf den Markt gesetzt hatte. Daher fieberte er dem Wochenende entgegen, an dem ihm seine Eltern versprochen hatten, mit ihm gemeinsam den Weihnachtsmarkt aufzusuchen.

Aber auch diese Hoffnung wurde zunichte gemacht. Kurz nach dem Ende der Aufführung des Krippenspiels, rief seine Oma an, dass Opa gestürzt sei und ins Krankenhaus gebracht würde. Sie selbst benötigte Hilfe auf dem Bauernhof, den sie bewirtschafteten.

Den Ferienbeginn hatte Marcel sich anders vorgestellt, nicht gemeinsam mit seinen Eltern auf dem Hof. Er sah seine Chance schwinden, vor dem Heiligen Abend den Weihnachtsmarkt und damit den Stand mit den Schneekugeln wiederzusehen. Bestimmt würden sie erst nach den Feiertagen zurück nach Hause kommen.

Zum Glück stellte sich heraus, dass die Verletzung seines Opas doch nicht so schlimm war, wie zunächst angenommen, und er bereits am folgenden Montag entlassen werden konnte. Zwar sollte er sich noch etwas schonen, aber zumindest kleinere Aufgaben konnte er bereits wieder übernehmen.

Mittwochs beschloss Marcels Mutter, auf Drängen der Großeltern, mit ihrem Sohn nach Hause zu fahren und mit ihm über den Weihnachtsmarkt zu gehen. Oma und Opa hatten sie beauftragt, Marcels Herzenswunsch zu erfüllen und ihm seine Schneekugel zu kaufen.

Ohne anzuhalten, lief der Junge über den Markt bis zu dem Stand, an dem die Schneekugeln verkauft wurden. Seine Mutter kam kaum hinterher und erreichte die Bude erst kurz nach ihrem Sohn. Der hatte bereits Ausschau nach der Kugel gehalten, von der er geträumt hatte. Doch nirgends war sie zu sehen. Traurig blickte er erst seine Mutter und dann den Verkäufer an. Zwar gab es viele neue

Schneekugeln zu bewundern, aber diese ganz spezielle befand sich nicht darunter.

Schon wollte er sich abwenden und den Weihnachtsmarkt wieder verlassen, da trat der alte Mann hinter seinem Stand hervor. „Diese besondere Schneekugel habe ich für dich zurückgehalten, denn sie existiert nur ein einziges Mal auf der Welt." Mit diesen Worten überreichte er Marcel ein hübsches, mit Intarsien verziertes Kästchen.

Sofort öffnete es der Junge, dem bereits die Tränen der Enttäuschung über die Wangen liefen. Aus diesen wurden aber sogleich Freudentränen, als er den Deckel zurückgeschlagen hatte. In der mit Samt ausgeschlagenen Schatulle befand sich genau die Schneekugel, von welcher er geträumt hatte.

Vorsichtig nahm er sie aus dem Behältnis und schüttelte sie. Dies bewirkte, dass es nicht nur in der Kugel selbst zu schneien begann; auch aus den vereinzelten Wolken, welche am sonst blauen Himmel standen, fielen Flocken.

Der alte Mann und der kleine Junge zwinkerten sich heimlich zu, denn nur sie kannten das Geheimnis, welches diese Schneekugel in sich barg. Es wurde nur an ganz besondere Personen weitergegeben und eine solche war Marcel.

09. Dezember

Ein Weihnachtswunder für *Opa Maunz*

Der schwarz-weiße Kater *Francis* war in seinen ersten Lebensjahren noch ein Hauskater gewesen, da er aus einer Großstadt stammte. Erst sein Umzug in ein Dorf im oberen Westerwald führte dazu, dass er Freigänger wurde.

Gerne lieferte der 14-jährige sich Straßenkämpfe mit Nachbarskatern, wobei er öfter derjenige war, welcher verprügelt wurde. Zusätzlich hielt er seine Familie mit Feuerwehreinsätzen auf Trab, weil er nicht mehr von Bäumen herunterkam. Auf diese war er wahrscheinlich vor den anderen Katern geflohen. Für eine Katze ist es viel leichter, hinaufzuklettern, als herunter.

Einmal saß er mehrere Tage auf einem hohen Baum, von dem ihn selbst die Feuerwehr nicht herunterholen konnte, da ihre Leiter zu kurz war. Ein Baumsteiger musste hinauf und ihn aus seiner misslichen Lage retten.

Im April 2022 kam er schließlich nicht mehr von seiner gewöhnlichen Tour nach Hause. Trotz Suchen, Fragen, Hoffen gab es kein Lebenszeichen von ihm. Seine „Dosenöffner" gingen vom Schlimmsten aus. Auf das Naheliegendste, nämlich bei den umliegenden Tierheimen nachzufragen, ob ihr Kater dort abgegeben worden war, waren sie nicht gekommen.

Inzwischen war Opa Maunz hungrig, erkältet, ausgetrocknet und mit extrem verfilztem Fell jedoch vor einer anderen Haustür aufgetaucht, wo er Ende April von Frau Maier direkt aufgenommen, gefüttert und zum Tierarzt gebracht wurde. Er wurde medizinisch versorgt, wobei festgestellt wurde, dass er Probleme mit den Nieren hat und spezielles Futter benötigt. Sein Fell wurde mit viel Geduld und noch mehr Anläufen gebürstet und vom Filz befreit, was er gar nicht mochte.

Frau Maier behielt ihn erst einmal bei sich. Sie gab sich alle Mühe, seine Besitzer zu finden, indem sie ihn auf verschiedenen Internetseiten als Fundtier veröffentlichen ließ. Außerdem fragte sie in allen Tierheimen der näheren und weiteren Umgebung nach, ob sich dort die Besitzer des alten, schwarz-weißen Katers gemeldet hätten. Allerdings war dies nicht der Fall gewesen und auch im nächsten halben Jahr meldete sich niemand, der den kastrierten Kater kannte oder vermisste.

Das Leben in einem Tierheim wollte sie *Opa Mauz*, wie sie ihn liebevoll nannte, in seinem Alter nicht mehr zumuten. So beschloss sie, ihn solange zu behalten, bis sich jemand meldete. Doch *Opa Mauz* verstand sich leider mit den bei der Finderin lebenden Katzen nicht sonderlich gut.

Frau Maier war seit dem Auffinden des Katers in ständigem Kontakt mit einem Mitglied des nächstgelegenen Tierschutzvereins. Glücklicherweise hatte diese Frau auch eine private Pflegestelle. Als der „Katzenjammer" bei Frau Maier unerträglich wurde, konnte *Opa Mauz* im Juni dorthin umziehen, da genau zu diesem Zeitpunkt wieder ein kleines Plätzchen freigeworden war. Dort lebte er fortan – verursacht durch einen Übermittlungsfehler bei der Übergabe – als *Opa Maunz*.

Kurz nach seinem Einzug wurde er nochmals dem Tierarzt vorgestellt, der ihn auf etwa 15 bis 16 Jahre schätzte. Nach einer Blutuntersuchung wurde die Diagnose der für Katzen typischen Nierenprobleme bestätigt und einige Zähne mussten gezogen werden. Ansonsten war ein er munterer Kerl, der menschliche Gesellschaft genoss. Versorgt mit Medikamenten kehrte er auf die Pflegestelle zurück.

Anders als viele seiner Artgenossen, welche nach der Abgabe im Tierheim den Kontakt zu ihren Findern verlieren, hatte *Opa Maunz* Glück. Frau Maier wurde gleichzeitig Futterpatin und besuchte ihn wöchentlich in der Pflegestelle.

In seinem neuen Zuhause durfte er zunächst mit seinem Koffer, den er von der Finderin geliehen bekam, in die Küche einziehen. Erweitert wurde sein „Revier" durch das daran angrenzende Badezimmer.

Obwohl er sich – trotz mehrerer Versuche des Zusammenführens – mit den anderen Katzen im Haus nicht vertrug, gab man sich auf der Pflegestelle sehr viel Mühe mit *Opa Maunz*. Die Frau fuhr nicht nur regelmäßig mit ihm in die Tierklinik, sondern versorgte ihn auch mit allem, was so ein „älterer Herr" brauchte – einschließlich der nötigen Aufmerksamkeit.

Extra für ihn wurden erhöhte Futternäpfe besorgt, welche leicht schräg standen, damit er mit seiner Arthrose und dem immer wieder laufenden Näschen besser fressen konnte. Da er das bereitgestellte Kratzbrett nicht benutzte, wurde eine Kratz- und Liegetonne gekauft, damit er die Krallen wetzen konnte. Zunächst wusste er nicht so recht, was er mit diesem neuen Möbelstück anfangen sollte, da er entweder in seinem Leihkoffer oder in einer Transportbox schlief. Nach zwei Wochen akzeptierte er die Tonne als neuen Schlaf- und Lieblingsplatz. Den Koffer ignorierte er von nun an.

Da sich die Mitglieder des Tierschutzvereins nach kurzer Zeit sicher waren, dass *Opa Maunz* ein Dauergast sein würde, sollte er seine restliche Lebenszeit auf der Pflegestelle verbringen. Dort würde er – wie ein weiterer alter Kater – stets Ansprache und gute Versorgung finden. Zurückfordern würde ihn sicherlich niemand mehr, da ein solch krankes Tier enorme Kosten verursacht.

Opa Maunz gewöhnte sich recht schnell an sein neues Zuhause. Nach einem Hinweis der Finderin, dass er Geschirr und Leine kennen würde, durfte er damit versehen unter Aufsicht seiner Pflegerin hin und wieder die restlichen Gastkatzen besuchen. So lernte er, sich zu benehmen, da er ansonsten sofort aus der Situation gezogen wurde. Dennoch wollte er meist so bald wie möglich wieder in sein ruhiges „Revier" zurück.

An manchen Tagen begleitete er – ausgestattet mit Geschirr und Leine – seine Pflegerin in den Garten hinters Haus. Diese Zeiten nutzte er, um sich die Sonne auf den Pelz scheinen zu lassen und interessante Gerüche zu erschnüffeln. Schade hingegen fand er, dass diese Ausflüge nicht länger dauerten und öfter erfolgten. Einzig die Straße, mit der er beim Verlassen des Hauses konfrontiert wurde, mochte er nicht, da er Angst vor Autos hatte.

Eines Sonntagmittags fand die Pflegerin *Opa Maunz* beim Betreten der Küche krampfend vor. Nach einem Schreckmoment beschloss sie, den Kater nach dem Auskrampfen in die Tierklinik zu bringen. Zum Glück blieb es an diesem Tag bei dem einen Krampfanfall.

Dennoch wurden beide seitens des Arztes mit einem Notfallmedikament und der Weisung zu beobachten, ob weitere Anfälle auftreten würden, nach Hause geschickt.

Im Herbst wurde sein Platz beschnitten, denn eine Jungkatze zog ins Badezimmer. Dadurch blieb dem Kater nur noch die Küche als Aufenthaltsort, was ihm gar nicht gefiel. Doch ihm blieb nichts anderes übrig, als sich in sein Schicksal zu fügen.

So sehr *Opa Maunz* Ausflüge mit seiner Pflegerin liebte, so sehr hasste er es, wenn mal wieder ein Tierarztbesuch anstand. Die enge Transportbox und die Bus- oder Taxifahrt nervten ihn sehr. Leider ließen sich diese „Kurzreisen" nicht vermeiden, da seine zwei Erkrankungen und die Probleme mit den Zähnen ständiger Behandlungen bedurften.

Gerade die „Beißerchen" sorgten dafür, dass er sein Mäulchen an allen vorhandenen Ecken in der Küche rieb. Da seine Lefzen selten sauber waren, hinterließ er überall braune Flecken. Die Beseitigung bescherte seiner Pflegerin viel zusätzliche Arbeit. Dennoch liebte sie den alten Herrn.

Am vierten Advent brachte ein Telefongespräch eine wunderbare Nachricht für *Opa Maunz*: Nach einem halben Jahr vergeblichen Hoffens, dass ihr Kater „Francis" wieder zurückkehrte, entschlossen sich seine ehemaligen Besitzer, einem neuen Tier ein Zuhause zu geben. Bei der Suche nach einer geeigneten Katze stießen sie auf der Homepage des Tierheims Siegen unter „private Vermittlungen" tatsächlich auf ihren eigenen Kater, den "Fundkater Opa Maunz". Auf dem Foto erkannten sie eindeutig ihren vermissten Stubentiger. Sofort riefen sie die darauf befindliche Nummer des Tierheims an.

Nach und nach wurden Frau Maier, die Pflegestelle und auch die Vorsitzendes des Vereins verständigt.

Nachdem die Besitzer die Formalitäten geklärt und sie auch nachgewiesen hatten, dass *Opa Maunz* ihr vermisster „Francis" war, wurde sogleich die Pflegestelle, auf der sich der Kater befand, darüber informiert. Gleichzeitig gab eine Mitarbeiterin des Tierheims den Besitzern von „Francis" die Telefonnummer der Pflegestelle.

Bereits am nächsten Tag telefonierten die hocherfreuten Besitzer des Katers mit der Inhaberin der Pflegestelle, um schnellstmöglich einen Termin für die Rückgabe von *Opa Maunz*, der eigentlich „Francis" hieß, zu vereinbaren.

Am Montagnachmittag erfüllte sich sowohl für den Kater als auch dessen Besitzerehepaar, ihr wohl größter Weihnachtswunsch. In der Küche der Pflegestelle trafen die Menschen und der schwarz-weiße Kater aufeinander. *Francis* erkannte seine Familie auch direkt und so kam es zum Happy End nach so langer Zeit! Wieder vereint und glücklich fuhren sie zu dritt nach Hause.

Dass *Francis* zukünftig unter Hausarrest stehen soll, wird ihn zwar nicht freuen, ist allerdings zu seinem Besten. Mit seinen vielen Erkrankungen wäre es unverantwortlich, dem gefräßigen Kater Freigang zu gewähren. Das schienen seine Besitzer einzusehen.

Womit weder der Vorstand des Tierschutzvereins, die Finderin des Katers, die Inhaberin der Pflegestelle und wohl auch *Opa Maunz* selbst gerechnet hatten, wurde Wirklichkeit: Der alte, kranke Kater muss seine letzten Jahre nicht fern von seinen geliebten Menschen verbringen, sondern durfte heimkehren. So zog er mit einer Kofferraumladung, voll „seiner neuen Errungenschaften", nach Hause.

10. Dezember

Der improvisierte Christbaumschmuck

In diesem Jahr ging auch alles schief. Erst waren die Artikel überall ausverkauft, welche sich die Kinder sehnlich gewünscht hatten. Dabei hatte ich bereits im November sämtliche Spielzeugabteilungen der Kaufhäuser in der Umgebung aufgesucht und schließlich sogar im Internet gestöbert. Doch es war wie verhext, nirgends waren die Sachen noch erhältlich. Stets hieß es: ausverkauft! Deshalb musste ich für Ersatz sorgen, was, wie ich bereits im Voraus wusste, für lange Gesichter sorgen würde.

Dann war die Bestellung für den Weihnachtsbraten in der Metzgerei verschlampt worden. So stand ich kurz vor Ladenschluss am Heiligen Abend mit leeren Händen im Geschäft. Da ich der Verkäuferin leidtat, füllte sie mir eine wahre Überraschungstüte mit den restlichen Wurstabschnitten, -scheiben, zwei Markknochen, drei Schnitzeln und einem kleinen Bratenstück – die Reste aus der Auslage.

Der Höhepunkt jedoch war das Malheur, das am Nachmittag geschah.

Ich hatte meine Frau Ellis gebeten, die Kisten mit dem Christbaumschmuck vom Speicher zu holen, während ich die Kinder zu den Großeltern fuhr. Als ich zurückkam, standen die beiden Kartons im Flur der ersten Etage auf dem Boden. Von Ellis hingegen fehlte jede Spur.

„Was soll's?", fragte ich mich halblaut. „Dann schmücke ich den Baum halt alleine."

Enttäuscht war ich schon, dass wieder einmal alles an mir hängen blieb, aber allein der Kinder wegen nahm ich die Herausforderung an. Daher hob ich die erste Kiste an und machte zwei Schritte in Richtung der Treppe. Da huschte etwas Weiches zwischen meinen Beinen hindurch und brachte mich ins Stolpern. Vor Schreck ließ ich den Karton los.

Zwar schaffte ich es noch, mich vor dem Sturz in die Tiefe zu schützen, indem ich mich am Geländer festkrallte, die Pappschachtel hingegen stürzte mit lautem Geklirre die gesamte Steintreppe hinab.

Als sie in der unteren Diele liegen blieb, war nicht nur der gesamte Karton ramponiert. Ein Scherbenmeer bedeckte die Fliesen.

„Verdammtes Katzenvieh!", schrie ich und blickte mich hecktisch nach dem Übeltäter um, doch dieser hatte sich wohlweislich in Luft aufgelöst.

Zum Glück haben wir den Glasschmuck in zwei Kisten verteilt, tröstete ich mich in Gedanken. Dann stieg ich nach unten, um die „Bescherbung" aufzukehren und Karton und Scherben zu entsorgen.

Ehe ich das zweite Behältnis nach unten trug, vergewisserte ich mich, dass sämtliche Zimmertüren geschlossen waren. Im Flur selbst gab es keine Versteckmöglichkeit für den Kater.

Zufrieden und erleichtert trug ich den Karton die Treppe hinunter. Als ich allerdings versuchte, die Wohnzimmertür zu öffnen, ohne meine Last abzustellen, geschah das Unglück. Die Klinke ließ sich noch leicht hinunterdrücken, wodurch die Tür nach innen aufschwang. Allerdings hatte ich nicht damit gerechnet, dass das Fenster in diesem Raum offen stand.

Im gleichen Augenblick, als ich den Raum betrat, stieß meine Frau die Haustür auf. Der Durchzug sorgte dafür, dass die Klinke der Wohnzimmertür genau den empfindlichsten Punkt an meinem Ellenbogen rammte.

Vor Schmerz ließ ich die Pappschachtel fallen, die mit lautem Klirren auf den Dielenbrettern aufschlug. Schreiend und fluchend rannte ich nicht nur aus dem Raum, sondern auch die Treppe hinauf ins Schlafzimmer. Dort warf ich mich aufs Bett und wollte nicht mehr gestört werden.

Wer allerdings meine Ehefrau Ellis kennt, weiß, dass sie genauso hartnäckig wie auch erfinderisch ist. Ihr gelang es, mich erst zu verarzten und zu trösten. Dann allerdings meinte sie: „Es ist zwar schade um den Glasschmuck, aber jammern hilft auch nicht! Komm mit nach unten! Wir improvisieren eben."

Es brauchte etwas, ehe sie mich davon überzeugt hatte, einen Teil der Weihnachtsplätzchen mit bunten Bändern an dem Baum zu befestigen. Außerdem zauberte sie noch eine Schachtel mit Strohsternen, die sie einmal gebastelt hatte, aus der Versenkung.

Alles in allem wurde es doch noch ein besinnliches Weihnachtsfest. Meinen Eltern gefiel, dass der Christbaum in diesem Jahr wie zur Zeit meiner Kindheit geschmückt worden war.

11. Dezember

Das Eselchen unterm Tisch

Christkind, komm in unser Haus,
pack die guten Sachen aus,
stell das Eselchen untern Tisch,
dass es Heu und Hafer frisst.
Heu und Hafer frisst es nicht.
Zuckerplätzchen kriegt es nicht!

Diese Gedichtstrophe kommt mir zur Weihnachtszeit jedes Jahr wieder in den Sinn. Ich kenne sie aus meiner Kindheit und habe sie damals von meiner Oma gehört.

In dem Ursprungsgedicht geht es nicht um das Christkind, sondern um den Nikolaus, weshalb es auch mit „Sankt Niklaus, komm in unser Haus, …" beginnt. Und auch das Eselchen ist eigentlich ein Schimmel und steht nicht unter dem Tisch, sondern auf dem Mist. Allerdings habe ich lange Zeit nur die „Christkind-Version" gekannt.

Die ersten beiden Zeilen waren mir lange entfallen, doch just heute Morgen, als ich das Fragment aufschreiben wollte, tauchten sie aus meiner Gedächtnisschublade auf.

Als Kind habe ich mich nie gefragt, wie es überhaupt möglich sein könnte, dass ein Esel – auch, wenn es sich um eine Zwergvariante handeln würde – unter einen normalen Tisch passen könnte. Für mich war klar, dass dies gelänge, auch wenn das Tierchen dann nur ein Stockmaß[2] von höchstens 40 Zentimetern haben dürfte.

Klar und deutlich sehe ich immer – genau wie damals – wenn ich die beiden Zeilen erinnere, die Szene vor mir: Das winzige Eselchen mit dem roten Zaumzeug und einer ebensolchen Satteldecke steht genüsslich fressend unter dem Küchentisch meiner Oma. Vor ihm liegen eine Portion duftendes Heu, einige knackige Möhren und daneben steht ein Eimerchen mit Hafer. Auf den Fliesen unter seinen zierlichen Hufen liegt eine dicke Strohschicht, damit es nicht ausrutscht. Außerdem könnte es sich, falls es müde würde, dort auch

---

[2] Schulterhöhe

hineinlegen. Aber das kam in meiner Fantasie niemals vor.

Das Reittier des Christkindes war ein besonderes Wesen, das zwar gerne Heu, Hafer und Möhren fraß, allerdings weder eine Pfütze noch Äpfel hinterließ. Das Stroh war nach dem Verschwinden des Eselchens genauso rein, wie bei seiner Ankunft. Das Futter allerdings war verschwunden. Nicht einmal ein winziger Möhrenrest, der ihm aus dem Maul gefallen war, blieb zurück.

Natürlich hat niemals wirklich Stroh unter dem Tisch gelegen, viel weniger Heu, Hafer oder Möhren, aber in der Fantasie eines Kindes ist vieles möglich.

Das Umdichten von dem ursprünglichen Schimmel zu einem Esel und dass dieses Tier nicht auf dem Mist, sondern unter dem Tisch stand, hatte wohl ganz praktische Gründe. Meine Oma ist auf einem Bauernhof aufgewachsen und hat lange ihrem Bruder, der den Hof geerbt hatte, dort geholfen. Einige Arbeiten, wie das mit einer Forke auf einen Wagen Laden und anschließende Verteilen von Mist auf dem Feld, war keine leichte Arbeit. Genauso wenig, wie das Aussäen von Getreide mit einer sogenannten „Säät". Dies war eine längliche Emailleschüssel mit einem Gurt zum Umhängen. Dort hinein gingen einige Kilo Saatgetreide, die mit der Hand ausgebracht werden mussten. Da meine Oma auch diese Hofarbeiten auf dem Nebenerwerbsbetrieb ausführte, wusste sie noch, wie anstrengend und schweißtreibend diese sein konnten.

Wenn auch weder meine Großeltern, noch meine Eltern einen eigenen Bauernhof besaßen, so halfen die Frauen und auch wir Kinder oft mit. Sowohl bei dem Verladen von Stroh- und Heuballen als auch der Kartoffelernte, waren Oma, Mama, meine Schwester und ich meist als Helfer dabei. Daher kannte ich die Abläufe auf einem Bauernhof und wusste auch, welches Futter die jeweilige Tierart fraß. Mir hätte niemand vormachen können, dass ein Esel oder Pferd auf dem Misthaufen stehen würde, um dort zu fressen. Welcher Bauer würde wohl das mit viel Schweiß geerntete Heu, den Hafer und die guten Möhren auf den stinkenden Abfallhaufen werfen, um anschließend seine Tiere dort hinauf zum Füttern zu treiben?

Auch die Geschichte mit dem Pferd, welches das Christkind – oder im Original der Nikolaus – ritt, hätte nicht in die Vorstellungswelt von meiner Oma und mir gepasst. Sowohl das Christkind als auch der Nikolaus, war bescheiden. Wieso sollten sie auf einem Schimmel daherkommen, der soviel anspruchsvoller und teurer in der Haltung war als der Esel? Außerdem kann der Esel im Verhältnis zu seiner Größe und seinem Gewichtes weit mehr tragen als ein Pferd.

Die beiden letzten Zeilen kamen für mich gar nicht infrage. Natürlich fraß das Eselchen sein Heu, den Hafer und die Möhren vollständig auf. Und anschließend bekam es auch einige einfache Plätzchen – wie Spritzgebäck. Niemals wäre mir in den Sinn gekommen, dass dem Tierchen mit Schokolade oder Zuckerperlen verzierte oder mit vielen Gewürzen versetzte Süßigkeiten angeboten würden. Diese Leckereien hätten dem Eselchen nur Bauchschmerzen verursacht. Außerdem bekamen sie einem Kindermagen wesentlich besser.

Auch heute noch gefällt mir die Version des Gedichtes aus meiner Kindheit deutlich besser als das Original. Es mag dabei ein wenig Nostalgie im Spiel sein. Allerdings kommen auch die Tatsachen, welche für mich als Kind einfach greif- und erlebbar waren hinzu. Wahrscheinlich wird das Bild des Eselchens unter dem Tisch, mir auch in dieser Adventszeit wieder lebendig werden.

12. Dezember

Das lebende Weihnachtsgeschenk

Ich lag mal unterm Weihnachtsbaum,
da war ich noch ganz klein.
Es kam mir vor wie ein Traum.
Ein Geschenk sollte ich sein.

Ich trug ein rotes Schleifenband
um meinen braunen Hals.
Ich wähnte mich im Wunderland;
das dachte ich jedenfalls.

Ich war von all dem Lichterglanz
ganz ordentlich geblendet.
Drum hat der ganze Firlefanz
für mich auch schnell geendet.

Ich nahm mir erst die Kerzen vor,
die mit 'ner Schnur verbunden.
Ich hatt' schon damals viel Humor,
hab' sie um mich gewunden.

Ich war danach zwar fest verschnürt,
doch leuchtete ich nimmer.
Was ich dort einstmals vorgeführt,
hätt' für mich kommen schlimmer.

Ich schrie dann erstmal fürchterlich,
bis man mich hatt' entwirrt.
Es war nicht nur zu ärgerlich,
da es zusätzlich hatt' geklirrt.

Ich nahm mich nun der Kugeln an,
der bunten Glitzerdinger.
Sie lebten nicht mehr allzu lang,
denn ich war ihr Bezwinger.

Zum Schluss kam das Lametta dran,
was mir so gar nicht schmeckte.
Den Baum fällte ich schnell sodann,
als ich mich in ihm streckte.

Ich schreib' euch, die ihr könnt lesen,
verschenkt nie zur Weihnachtszeit
ein süßes kleines Lebewesen.
Erspart uns allen dieses Leid!

13. Dezember

Der Wunschzettel

Der Brief an das Christkind wurde zu Beginn der Adventszeit gemalt oder geschrieben. Dafür wurde der Küchentisch unserer Mutter nachmittags nach der Kaffeezeit besetzt. Jetzt hatten wir genau eine halbe Stunde Zeit, um unsere Weihnachtswünsche zu Papier zu bringen. Um halb fünf begann nämlich die einzige Kindersendung, die wir Geschwister nicht verpassen wollten. Von montags bis freitags strahlte das ZDF jeweils eine Folge der Serien „Flipper", „Fury", „Fünf Freunde" usw. aus.

In den 1970er Jahren konnte man nur drei bis vier Programme mit dem schweren Röhrenfernseher empfangen. Bei uns handelte es sich dabei um ARD und ZDF sowie den SWR. Dafür musste eine extra hohe Antenne auf dem Dach installiert werden, die bei Sturm oder Gewitter sehr gefährdet war. Doch in all den Jahrzehnten, die sie weit in den Himmel ragte, schaffte es kein Unwetter, sie zu knicken oder gar herunterzureißen. Allerdings konnte der Wind die Antenne durch die lange Stange schon mal leicht drehen, wodurch sich die Sendefrequenz verschob. Dann musste mit einem speziellen Werkzeug versucht werden eine neue, genauso gute, einzustellen. Und das konnte manchmal dauern.

Die Adventszeit fällt nun mal in den Spätherbst und das ist die bevorzugte Zeit der Stürme. So konnte es geschehen, dass das Bild undeutlich, verzerrt oder ganz weg war. Auch der Ton konnte gestört oder gänzlich nicht mehr vorhanden sein. Dann musste uns einer der Erwachsenen den Sender wieder neu justieren. Und auch das konnte dauern.

Da die Zeitspanne also knapp bemessen war, hatten wir Kinder uns bereits vorher lange überlegt, was wir dem Christkind mitteilen könnten. Für meine jüngeren Geschwister, die noch nicht zur Schule gingen, handelte es sich bei dem „Brief" um eine anfangs meist recht abstrakte Zeichnung, bei der man dem Christkind viel Fantasie wünschen musste. Erst im Kindergartenalter von vier Jahren und etwas Übung im Malen, verwandelten sich die „Picassos" so langsam in figürliche Darstellungen.

Von mir als der Ältesten wurde, sobald ich in die 2. Klasse ging, erwartet, dass ich nicht mehr zeichnete, sondern meine Wünsche aufschrieb. In dem Jahr, als ich eingeschult wurde, gab es noch nicht viele Buchstaben, die ich beherrschte. Anders als heute, begannen wir Mitte der Siebzigerjahre erst einmal mit Schwungübungen. Dabei mussten wir auf Tafeln mit speziellen Stiften Wellen- oder Zickzacklinien als Vorbereitung auf die Buchstaben malen. Dann erst kamen einzelne Buchstaben dran. Somit konnte ich einige Monate nach der Einschulung erst wenige Schriftzeichen malen. Für eine Aufzählung oder gar ganze Sätze reichte die Menge der erlernten Lettern nicht aus.

Natürlich begann der Wunschzettel als Brief mit den Worten „Liebes Christkind,". Dann beteuerte ich, dass ich immer brav gewesen war und folglich würdig, alle die nachfolgend aufgeführten Geschenke zu erhalten. Schließlich setze ich meinen Namen darunter, damit das Christkind auch wusste, wer ihm da geschrieben hatte und wohin es die Gaben liefern sollte.

Der fertige Brief wurde zweimal gefaltet und, ehe wir Geschwister schlafen gingen, auf die innere Küchenfensterbank gelegt. Gedanken, wie das Christkind darankommen sollte, wenn es draußen vorbeikam, machten wir uns damals keine.

Am nächsten Morgen führte uns der erste Weg nach dem Aufstehen in die Küche, um zu kontrollieren, ob unsere Wunschzettel bereits abgeholt worden waren. Da dies immer der Fall war, gingen wir davon aus, dass das Christkind sie in der Nacht mitgenommen hatte. Jetzt konnten wir nur noch hoffen, dass es nicht nur die geschriebenen Briefe lesen konnte, sondern auch die Zeichnungen der Kleinen richtig deutete.

Dass nicht jeder Wunsch an Heiligabend erfüllt wurde, lag daran – wie uns Oma oder Mama erklärten – dass das Christkind so viele Kinder auf der ganzen Erde beschenken musste. Nicht immer konnten die Engel in der kurzen Zeit alle Dinge zusammentragen oder herstellen, die von jedem Kind gewünscht wurden.

Allerdings fragten wir Geschwister uns doch so manches Mal, warum wir dann zum Beispiel Kleidung erhielten, die wir uns gar nicht gewünscht hatten. War da dem Christkind oder einem seiner Helfer ein Fehler unterlaufen? Seltsam war nur, dass die einzelnen Teile uns genau passten.

14. Dezember

Die Weihnachtsplätzchen der Mia-Oma

Wir hatten zwei Omas, aber nur einen Opa, denn der Vater meines Vaters war im Zweiten Weltkrieg umgekommen. Wie und wo genau er gestorben war, darüber gab es verschiedene Auslegungen.

Da es nur einen Opa gab, nannten wir ihn auch so. Bei den Omas hingegen musste es eine Unterscheidung geben, damit immer klar war, von welcher gerade gesprochen wurde. Deshalb nannten wir die Mutter meiner Mutter „meine Oma" und die Mutter meines Vaters „Mia-Oma".

Jedes Jahr in der Adventszeit kam Mia-Oma auf die glorreiche Idee, für ihre Enkelkinder Plätzchen zu backen. Viel Kreativität bewies sie dabei nie, sodass sie nur eine Sorte herstellte.

Der Teig wurde der Einfachheit halber mit großen Ausstechförmchen in Sterne, Tannenbäume und Herzen unterteilt. Dies wäre ja nicht weiter schlimm gewesen, zumal Kinder sich über großzügig bemessene Süßwaren freuen. Leider aber bewies Mia-Oma so gar kein Talent für die Teigherstellung und die richtige Bräune.

Nach dem Geschmack zu urteilen, bestanden die Plätzchen nur aus reichlich ausgemahlenem Weizenmehl, Wasser und einer kleinen Menge Fett. Den Zucker gab sie wohl nur als Prise bei oder vergaß ihn völlig, denn süß waren die Backwaren nie. Außerdem schien sie den Backofen nur auf Trocknen eingestellt zu haben, denn etwas Bräunung suchten wir Kinder vergebens.

Auf die Idee die käsebleichen, trockenen und nur nach Mehl schmeckenden „Plätzchen" wenigstens mit Schokoladenglasur zu überziehen, ist Mia-Oma in all den Jahren nie gekommen. Heute frage ich mich, ob sie ihre Backwaren jemals selbst probiert hat. Uns Kindern jedenfalls verging schon der Appetit, wenn wir die Dinger nur ansahen. Der Höflichkeit halber nahmen wir sie zwar mit nach Hause, dort jedoch wurden sie sogleich als ungenießbar entsorgt.

Eine weitere „Backsensation" war Mia-Omas Streuselkuchen. Diesen backte sie nicht nur in der Advents- oder Weihnachtszeit, sondern immer, wenn unsere Eltern und wir Kinder zu Besuch kamen.

Bevor ich über das Ergebnis ihrer Backkünste berichte, beginne ich bei der von mir vermuteten Herstellungsweise.

Wer selbst einmal den Teig für einen Hefekuchen hergestellt hat, weiß, dass dafür Mehl, Zucker, Milch, Fett, Hefe und ein Ei benötigt werden. Ob das allerdings der Mia-Oma bekannt war, wage ich zu bezweifeln. Nach dem Zustand des fertig gebackenen Teiges muss ich davon ausgehen, dass sie sich das Ei gespart und als Rühr- oder Spiegelei selbst gegessen hat. Zucker verwendete sie derart sparsam, dass sein Vorhandensein im Teig kaum auffiel. Ob sie die Milch durch Wasser ersetzt hat, war nicht zu schmecken. Dennoch nehme ich dies einmal an, da sie es bei den Plätzchen schließlich genauso gehalten hatte.

Bei der Teigzubereitung muss sie es wohl immer sehr eilig gehabt haben, denn anhand der festen Struktur des fertigen Backstückes muss sie sich die Gehzeit gespart haben. Aufgegangener Teig ist locker und nicht hart wie derjenige von Mia-Oma.

Bei der Streuselherstellung dachte sie sich wohl, dass viele große Brocken weniger Arbeit machen, sowohl beim Kneten als auch beim Bestücken des Teigbodens. Zur Verteilung der Streusel, die meist die Größe des obersten Daumengliedes besaßen, muss sie eine besondere Technik angewandt haben.

Dies stellte ich mir folgendermaßen vor: Das Kuchenblech mit dem Teigboden stellte sie aufrecht von außen gegen die Badezimmertür. Dann bewaffnete sie sich mit einem Gummi für Einmachgläser. Die Schüssel mit den fertigen Streuseln stellte sie auf den Küchentisch neben sich. Nun nahm sie einen der dicken Teigbrocken, legte ihn auf das Gummi, spannte es und schoss den Streusel quer durch Küche und das anschließende Wohnzimmer in Richtung der Badezimmertür.

Bei der Größe des Brockens und der Fläche des Teigbodens dürfte wohl jeder Streusel genau dort aufgetroffen sein, wo er auch landen sollte. Mit dieser Technik bestückte sie nach und nach den gesamten Kuchenboden. Dass dabei auch Lücken entstanden, lag wohl daran, dass sie den ein oder anderen Streusel auf eine bereits besetzte Stelle abfeuerte. Dort konnte er unmöglich haften bleiben und landete so auf dem Boden.

Um keinen Teig zu verschwenden, wird sie alle fehlgeleiteten Brocken aufgesammelt haben, nachdem ihre „Munition" aus der Rührschüssel verbraucht war. Anschließend versuchte sie, die restlichen Lücken mit den übrig gebliebenen Streuseln auf die bewährte Weise zu füllen. Mehr als diesen zweiten Versuch wird sie bestimmt nicht gewagt haben. Zum einen wäre die von ihr festgelegte Zubereitungszeit überschritten worden und zum anderen wäre es ihren Gästen aufgefallen, wenn die Brocken „gepfeffert" – sprich mit Schmutz vom Fußboden versehen – gewesen wären.

Nun kam der „fertige Streuselkuchen" in den Backofen und wurde sogleich gebleicht. Die notwendige Gehzeit musste sie einsparen, da für die „Streuselschüsse" bereits mehr Zeit draufgegangen war, als sie sich dafür nehmen wollte. Die Bleiche des gesamten Kuchens kam dadurch zustande, dass nicht genug Zucker im Teig und den „Krümeln" vorhanden, die Backzeit unterschritten und die Temperatur nicht hoch genug eingestellt war.

Mia-Oma sparte halt bei der Plätzchen- und Kuchenzubereitung für uns, wo sie nur konnte – was allerdings nicht daran lag, dass sie den Zweiten Weltkrieg überlebt und anschließend geflüchtet war.

15. Dezember

Der Katzenweihnachtsbaum

Ich habe einen Baum bekommen,
den mir geschenkt das Christuskind.
Ich hab' ihn dankend angenommen,
weil Katzen eben freundlich sind.

Er ist kein Ding von einem Markt
und stammt aus keinem Tiergeschäft.
Er wuchs im Freien, ist erstarkt
und wurde auch mal angekläfft.

Er duftet frisch nach Tannenwald
und hat gar spitze Nadeln.
Trotzdem erkletter' ich ihn bald.
Der Aufstieg wird mich adeln.

Mein Mensch hat ihn für mich allein
mit bunten Bällen hübsch geschmückt,
da darf ich nicht undankbar sein,
hab' meine Pfote schon gezückt.

Im Spiel erweist sich manche Kugel
beim Fallen als nicht ausgetestet.
Ob ich beim TÜV einmal nachgoogle?
Nicht, dass sie noch die Luft verpestet!

Doch ehe ich im Web mich bilde,
prüf' ich das andre Zeug erst noch.
Ich bin beim Spiel 'ne kleine Wilde,
verantwortlich für manches Loch.

Doch wofür hat die Katze Krallen,
wenn sie sie nicht gebrauchen darf?
Will's auch dem Menschen nicht gefallen,
dass sie recht spitz und messerscharf.

Die Lichter müssen auch vom Baume.
Und Zuckerzeug, das mag ich nicht.
Das Kabel wird mir zum Albtraume,
aufs Einwickeln ich gern verzicht'.

Als endlich frei von allem Schmuck
mein Baum im Weihnachtszimmer steht,
da geht durch ihn ein kräft'ger Ruck.
Der Wind hat ihn wohl umgeweht.

Wie schade, denk' ich im Geheimen.
Da geht sie auf, die Zimmertür.
Mein Mensch erst tobt, dann muss er weinen.
Ich frag' mich: *Kann ich was dafür?*

Ich sitze mitten drin im Chaos
und schaue ihn gar kindlich an.
„Erst wünschte ich dich weg nach Laos,
doch ich dir niemals bös' sein kann."

Das sprach mein Mensch und knipst mir zu
mit beiden Augen, wie auch ich.
Wir sind uns einig gar im Nu:
Der Schmuck ist nicht erforderlich!

Mein neuer Kratzbaum bleibt im Haus,
bis dass die Nadeln fallen.
Dann fliegt er selbstverständlich raus.
Das lass' ich mir gefallen.

16. Dezember

Das nervende Weihnachtsgedicht

Der Advent hatte kaum begonnen, da nervten meine Eltern mich damit, dass ich mir ein Gedicht aussuchen sollte, welches ich am Heiligen Abend aufsagen durfte. Ich hasste es, dazu gezwungen zu werden, obwohl ich sonst gerne Texte auswendig lernte. Ganze Songtexte von Interpreten der verschiedensten Genres konnte ich aus dem Effeff". Obwohl ich völlig unmusikalisch war, sang ich sie gerne mit.

Unmusikalisch zu sein kann gerade an Weihnachten auch seine Vorteile haben. So brauchte ich nicht den ganzen Advent Lieder von „Frieden und Freud" auf einem Instrument zu üben. Auch das Mitsingen derselben am Heiligen Abend wurde mir vor Jahren bereits strengstens verboten. Meine falschen Töne hatten früher sogar meine begabten und musikalischen Geschwister aus dem Takt gebracht.

Während Jolande auf der Querflöte und Joachim auf der Geige jeden Tag im Advent Weihnachtslieder übten, ging dieser Kelch an mir vorüber. Dafür brauchte ich nur ein einziges Gedicht einzustudieren. Dass dieses allerdings mindestens acht Strophen haben musste, brachte mich langsam in Not. Mit den Jahren hatte ich sämtliche langen Weihnachtsgedichte bereits aufgesagt. Ich durchstöberte die unzähligen Bücher, die meine Eltern in ihrer Bibliothek über Advent und Weihnachten gesammelt hatten. Doch entweder waren die Gedichte zu kurz oder schon bekannt. Selbst im Internet schien es nichts mehr zu geben, was ich verwenden konnte.

So verging die erste Adventswoche mit der erfolglosen Suche. Schon glaubte ich mich vor dem Aufsagen der Verse drücken zu können, da kam meinem Vater eine Idee. Er selbst würde seine Dichtkunst einsetzen, um mir ein passendes Werk zu schreiben.

Oh, nein!, dachte ich nur und hoffte darauf, dass er es entweder in der Hektik der Vorweihnachtszeit vergessen würde oder sich nicht darauf konzentrieren konnte. Vielleicht fand er auch kein Thema, über das nicht bereits zahllose Dichter vor ihm nachgedacht hatten.

Leider verdiente mein Vater mit dem Texten und Komponieren

von Liedern sein Geld. Manchmal traten er, Mama, Jolande und Joachim auch selbst als Band auf. Warum also glaubte ich, dass er nichts zustande bringen würde?

Allerdings lagen auf seinem Schreibtisch noch einige unfertige Aufträge, die vor dem Christfest abgeliefert werden mussten. Also hoffte ich darauf, dass sein ehrgeiziges Projekt, ein Weihnachtsgedicht zu erstellen, ins Wasser fiel.

Doch zu früh gefreut! Acht Tage vor Heiligabend überreichte er mir stolz ein Blatt mit zehn Strophen seines ersten Weihnachtsgedichtes.

Voll Entsetzen nahm ich es entgegen, denn ich rechnete mit sehr kitschigen Zeilen und abgedroschenen Klischees. Doch verwundert rieb ich mir die Augen, als ich feststellte, dass keines von beidem zutraf. Zum Glück waren die Reime eingängig und stets wiederholte sich ein Refrain.

Von einigen meiner wohlüberlegten Argumenten, warum ich das Weihnachtsgedicht nicht auswendig lernen könnte, musste ich mich sogleich verabschieden. Weder die Kürze der Zeit, die komplizierten Worte oder Reime, noch die Länge der einzelnen Zeilen anzuführen, wäre hier völlig fehl am Platz gewesen.

Plötzlich erwachte in mir der Ehrgeiz, dieses Werk meines Vaters besonders betont und ruhig vorzutragen.

Wie besessen lernte ich in den verbliebenen fünf Tagen nicht einfach nur die Worte auswendig, sondern überprüfte immer wieder die richtige Betonung und den besten Rhythmus.

Als ich das Gedicht meines Vaters am Heiligen Abend im Kreise der gesamten Familie deklamierte, legte sich eine Stille über den Raum, die sogar noch anhielt, als ich längst geendet hatte.

Seit diesem Weihnachtsabend musste ich nie wieder ein neues Gedicht auswendig lernen. Das erste Werk meines Vaters vorzutragen wurde eine Tradition in unserer Familie, die ich gerne an meine Kinder und Enkel weitergegeben habe. Und auch diese geben sich die größte Mühe, dieses Erbstück würdig zu rezitieren.

17. Dezember

Das Rentier und der Weihnachtsengel

Hoch im Norden Lapplands lebte einmal ein Rentier namens Tove. Es sah aus wie die meisten anderen Tiere dieser nordischen Hirschart. Sein Fell war nicht weiß oder hatte etwa eine ungewöhnliche Zeichnung, sein Geweih war nicht besonders groß oder außergewöhnlich gewachsen und auch mit seiner Körpergröße stach es aus der Herde nicht hervor. Wenn es wirklich etwas Außergewöhnliches von ihm zu erzählen gab, dann, dass es trotz seines hohen Alters noch mit den anderen Tieren ziehen durfte.

Natürlich war das Ren nicht mehr so schnell wie die anderen Hirsche, wodurch es stets ein Stück hinter ihnen hertrotten musste, aber dennoch gehörte es zur Herde dazu.

Oft wurde Björn Sunderson von den anderen Herdenbesitzern darauf angesprochen, warum er dieses Tier nicht schon vor Jahren geschlachtet hatte, als sein Fleisch und Fell noch zu gebrauchen gewesen waren. Doch immer wieder bekamen sie die gleichen Sätze zu hören: „Das Tier hat mir länger und härter gedient als jedes andere zuvor. Jetzt soll es sein Leben genießen."

Björn erntete daraufhin nur Kopfschütteln und Unverständnis. Schließlich galt er unter den Lappen als Sonderling. Nur seine Familie und die engsten Freunde verstanden ihn, wussten sie doch, dass gerade dieses Rentier ihm in manch schwierigen Situationen zur Seite gestanden hatte.

Für das alte Ren sollten noch so manch schöne Jahre ins Land gehen, bis es der Herde nicht mehr zu folgen imstande war. Doch auch für diesen Fall hatte Björn vorgesorgt. Auf den Wegen zu den Weideplätzen lud er das alte Tier auf einen Wagen, den zwei kräftige Artgenossen zogen. Dieses Gefährt wurde von einem seiner Kinder gelenkt, damit das Gespann weder zu schnell wurde, noch seine Last gar zu sehr durchschüttelte.

Hatte die Herde allerdings ihre Weide erreicht, spannte er die Zugtiere aus und half der alten Tove von ihrem bequemen Platz auf dem Wagen herunter. Jetzt konnte sie mit der Herde nach

Herzenslust weiden.

Wieder einmal wurde Björn dadurch zum Gespött seiner Kollegen, doch das störte ihn nicht im Geringsten. Er wusste ja, warum er so viel für das Tier tat.

So gingen Sommer und Herbst ins Land und die Herden wanderten zurück in ihre Winterquartiere. Und auch das alte Ren kam auf seinem Karren dort an.

Schließlich ging es auf Weihnachten zu und Björn Sundersons Hof lag unter einer tiefen Schneedecke. Tag für Tag musste er nun hinaus und seinen Tieren Futter bringen, denn die wenigen Flechten auf der Winterweide waren schon lange aufgefressen. Andererseits hätte der hohe Schnee auch für die kräftigsten Tiere ein unüberwindbares Hindernis für ihre Futterbeschaffung dargestellt. Wie viel schwieriger wäre es für die diesjährigen Kälber, die Älteren oder Schwächeren gewesen.

Am meisten Sorgen allerdings machte er sich allerdings um seinen besonderen Liebling, der trotz der besonderen Pflege und der Extrarationen, welche ihm die gesamte Familie zukommen ließ, immer mehr abnahm und steifer wurde.

So entschloss Björn sich, nachdem er ohnehin ein diesjähriges Kalb und dessen Mutter wegen einer Verletzung von der Herde trennen musste, auch das alte Tier im Stall unterzubringen.

Schon im Sommer war ihm klar geworden, dass dies das letzte Weidejahr für seinen Liebling werden würde. Noch während der Zeit, die die Familie mit der Herde auf den Sommerweiden verbracht hatte, hatten sie sich überlegt, dass Tove im nächsten Jahr zuhause würde bleiben müssen. Doch nun musste er sich eingestehen, dass das Ren den Winter nicht überleben würde.

„Wir wollen Tove ihre letzten Tage besonders schön machen", sagte Björn Sunderson zu seiner Frau und den Kindern.

Alle stimmten ihm zu und kümmerten sich liebevoll um das alte Tier. Sie brachten ihm die leckersten Flechten und wärmten sein Wasser leicht an. Sogar eine Vitaminmischung lösten sie darin auf. Außerdem verbrachten die Familienangehörigen abwechselnd viel Zeit im Stall, um dem Ren Gesellschaft zu leisten oder es zu bürsten.

Am Heiligen Abend besuchte die ganze Familie das Tier zwischen der Bescherung und der um Mitternacht stattfindenden Christmette. Eine besonders schöne Decke, an der sie alle mitgearbeitet hatten, wurde dem Ren über den Rücken gelegt. Ein gepolsterter Gurt, den Vater und Sohn gemeinsam angefertigt hatten, sorgte dafür, dass sie nicht verrutschte.

Als die Menschen sich verabschiedeten, um mit dem Schlitten zur Kirche im Ort aufzubrechen, versprachen sie Tove, dass sie später nochmals nach ihr sehen würden.

Genau um Mitternacht trat eine lichtvolle Gestalt in den Stall.

„Ich bin der Weihnachtsengel, Tove", sagte das himmlische Wesen und ging auf das alte Rentier zu. „Es wird Zeit, dass du nach Hause läufst."

Tove nickte nur. Erfreut lief sie auf den Engel zu und verließ mit ihm seinen heimatlichen Stall. Vergessen waren ihre steifen Gelenke und sämtliche sonstigen Alterserscheinungen, die sie in den letzten Jahren gequält hatten. Sie blickte erstaunt an sich herab und stellte fest, dass sie den Leib eines Kalbes hatte.

Aufgeregt sprang Tove hinter dem Engel her und folgte ihm auf einem Weg aus Licht hinauf zu den himmlischen Weideplätzen. Dort würde sie auf Björn und dessen Familie warten. Inzwischen freute sie sich auf viele ihrer früheren Rentiergefährten zu treffen, die vor ihr gegangen waren. Auch sie waren wieder jung und tollten mit Tove vergnügt herum.

Nie wieder würde einer von ihnen hungern oder dürsten müssen. Keines der Tiere würde altern oder irgendwelche Gebrechen und Krankheiten ertragen müssen.

Eines Tages, so wusste Tove, würde sie alle ihre Lieben, ob Tier oder Mensch wiedersehen und gemeinsam mit ihnen wie früher über die Weidegründe ziehen.

Als die Familie Sunderson spät in der Nacht ihren Hof erreichte, fand sie nur noch Toves Decke vor. Von dem alten Rentier fehlte jede Spur. Doch am Himmel erstrahlte ein neuer Stern, der fortan Tove oder der Rentierstern heißen würde.

18. Dezember

Christbaumkugeln

Mein Personal hat umdekoriert, nachdem mein Bruder Lonni wegen der Sparversion des Weihnachtsbaumes gegoogelt hatte. An das Drahtgestell, an dem einzelne Kugeln hängen, ist das Geschenk angelehnt, welches mein zweiter Bruder Leslie aus der Zipfelmütze herausgeholt hatte. Die rot-weiße Mütze liegt jetzt, prall gefüllt mit silbernen, goldenen und blauen Kugeln unter dem „Baum".

Die glänzenden „Bälle" in unterschiedlichen Größen interessieren mich, den Kater Lotti, nicht so sehr wie die drei silbernen, welche davor dekoriert sind. Ganz besonders hat es mir die mittlere Kugel angetan, weil sie so schön glitzert. Die rechte sieht zwar genauso aus, aber um sie näher anzuschauen, müsste ich aufstehen. Dabei liege ich gerade so gut.

Die linke Christbaumkugel finde ich nicht so interessant, da sie matt ist. Mein Personal meint dazu, dass Katzen manchmal wie Elstern sind. Alles, was glänzt, müssten sie erkunden. Zum Glück besitzen wir keine Nester, denn sonst müssten die Menschen auch noch auf Bäume klettern, um ihre Sachen wieder herunter zu holen. Andererseits wüsste man dann, wo gesucht werden müsste. Katzen – und ganz besonders Kitten – würden alle möglichen Dinge gerne als Spielzeug missbrauchen. Anschließend versteckten sie es unter Schränken oder Sofas, bei denen nur wenige Zentimeter Platz bis zum Boden bleiben. „Was der Elster ihr Nest, ist dem Kitten sein Lager unter Möbeln", folgerte mein Mensch.

Allerdings hatte ich nicht vor, die Glitzerkugel dort zu deponieren, denn von Lonnis Recherche wusste ich ja, dass dieses Spielzeug sehr zerbrechlich ist. Was es bedeutete, wenn es zerbrach, hatte er auch herausgefunden. Scherben nennen die Menschen das. Diese kleinen Teile sind recht spitz und scharf, womit die Gefahr besteht, dass Katze sich daran verletzen könnte.

Nee, das wollte ich nicht! Verletzen bedeutete „wehtun", und zwar schlimmer, als wenn einer meiner Brüder mich mit seinen Krallen kratzen oder seinen Zähnen beißen würde. Kleine Kater gehen sehr rau miteinander um, wenn sie spielen. Menschen mögen das nicht so, da ihre Haut sehr verwundbar ist. Was uns Katzen nicht viel ausmacht, endet beim Personal in blutigen Kratzern oder Bisswunden.

Aber jetzt bin ich ganz von den Kugeln abgekommen!

Lonni hat mir erzählt, dass die Christbaumkugel sich glatt und kalt angefühlt hätte, als er sie mit der Nase berührt hatte. Das muss ich selbst testen. Also lege ich probehalber eine Pfote darauf. Ja, mein Bruder hatte recht. Dennoch beschließe ich, mit diesem ballähnlichen Ding zu spielen. Bei ein bisschen Anstupsen wird es wohl nicht zerbrechen. Ich muss nur vorsichtig sein. Einerseits will ich mich nicht verletzten oder mein Personal verärgern, andererseits reizt es mich schon, die Kugel rollen zu sehen. Sie ist zwar kein so tolles Spielzeug wie meine Fellmaus oder der Hüpfball, aber diese Sachen habe ich ständig zur Verfügung. Nur Bastet[3] weiß, ob die Kugel morgen noch da ist.

Leicht stoße ich sie mit der Tatze an. Doch es tut sich nichts. Also erhebe ich mich notgedrungen und stelle fest, dass sich eine Falte in dem grünen Tuch befindet, auf dem die ganze Dekoration aufgebaut ist. Außerdem ist der Spalt zwischen der Zipfelmütze mit den bunten Kugeln und der zweiten silbernen zu eng, um *meine* hindurchrollen zu lassen. Daher entschließe ich mich, es anders zu probieren.

Ich steige über die Christbaumkugeln und stupse die mittlere an. Weit bewegt sie sich nicht, aber zumindest ein kleines Stück. Das reicht aus, um meinen Spieltrieb weiter anzuregen. Erst, als ich sie von dem Stoff hinunter bewegt habe, rollt sie wesentlich leichter.

Immer schneller jage ich die silberne Kugel vor mir her kreuz und quer durch den Raum. Dermaßen in mein Spiel vertieft denke ich nicht mehr daran, dass sie sehr zerbrechlich ist. Und dann geschieht es: Sie prallt gegen ein Tischbein und zerspringt in tausend Scherben. Erschrocken flitze ich davon und verstecke mich hinter dem Sofa.

Im gleichen Augenblick öffnet sich die Tür und mein Personal kommt herein. Es sieht sofort die Bescherung. „Verflixte Rasselbande!", schimpft die Frau mit dem braunen Fell auf dem Kopf. „Nicht einen Moment kann ich euch allein lassen.

---

[3] Bastet = ägyptische Katzengöttin

Ausgerechnet eine der schönen, alten Weihnachtsbaumkugeln von meinen Eltern müsst ihr zerlegen!" Schnell holt sie Handfeger und Schaufel, um die Scherben aufzukehren.

Gut, dass sie mich nicht erwischt hat, denke ich und bleibe für einige Zeit unsichtbar. So schnell werde ich nicht wieder mit einer Christbaumkugel spielen, nehme ich mir vor.

19. Dezember

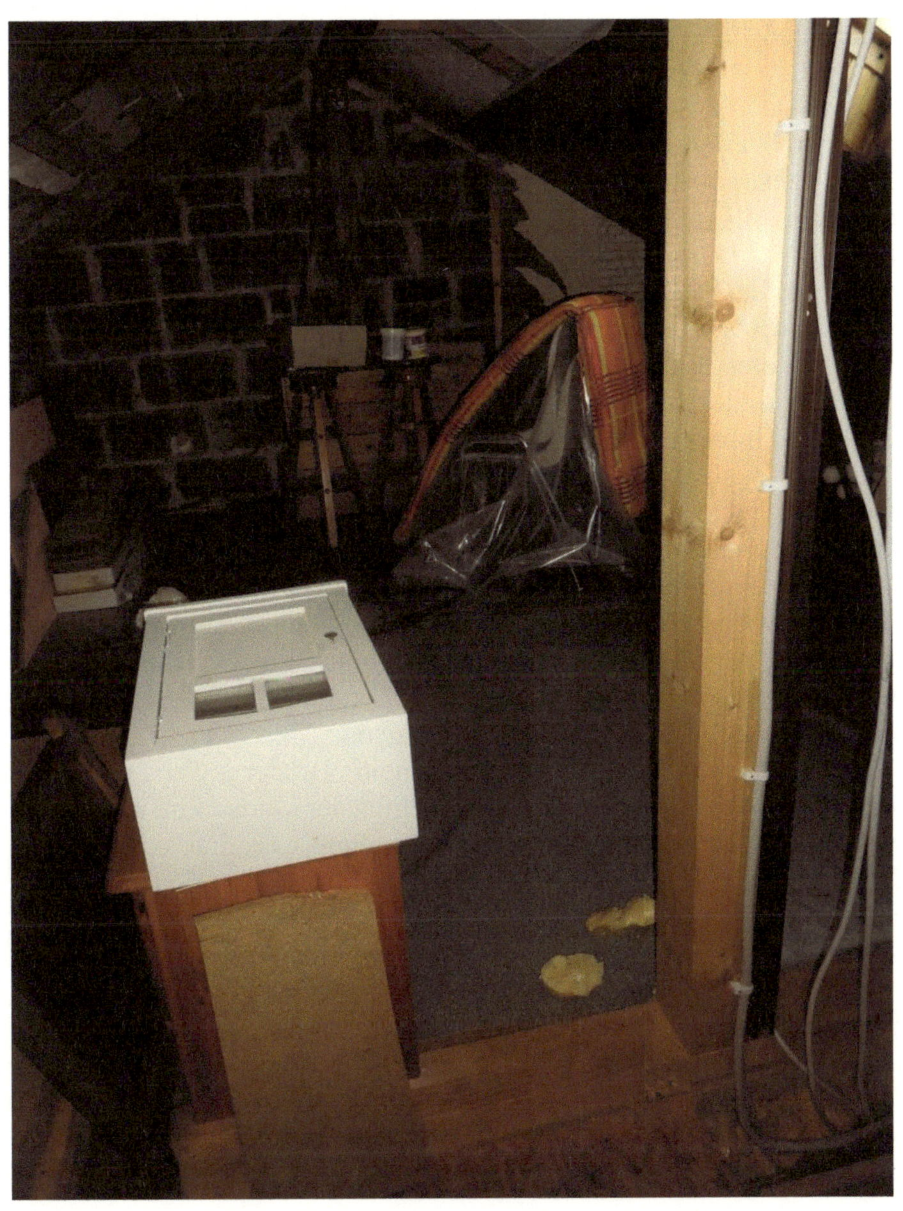

Auf dem Speicher

Als Kind empfand ich den Speicher unseres Hauses als einen geheimnisvollen Ort. Besonders der größere der beiden Räume übte auf mich eine seltsame Anziehungskraft aus. Damals besaß er nur ein kleines Dachfenster, das die Ecken stets im Dunkeln ließ. Angst hingegen überkam mich keine, eher Neugierde.

Ich erinnere mich noch genau daran, dass meine Schwester und ich an einem heißen Sommertag dort hinauf gingen und in den Kartons unterhalb der Dachschräge stöberten. Dabei beförderten wir zwei große, gelbe Plastikenten zutage, die wir später auf dem Wasser unseres aufblasbaren Planschbeckens schwimmen ließen.

Ein anderes Mal war ich mit meinem Opa in diesem Raum, um einen alten Holzkleiderschrank in seine Einzelteile zu zerlegen. Er sollte das Grundgerüst für den Kaninchenstall bilden.

Dass es auch die Kartons mit Christbaumschmuck dort lagerten, wussten wir Kinder zwar, vergriffen uns aber niemals daran. Diese Kisten waren tabu, da wir auf keinen Fall etwas beschädigen wollten.

Als wir Geschwister noch an das Christkind glaubten, welches am Heiligen Abend die Geschenke brachte und dem unsere Eltern halfen den Baum zu schmücken, war es der Hauch des Geheimnisvollen, was uns davon abhielt, die Kartons auch nur zu öffnen. Später lagen unsere Interessen bei ganz anderen Dingen.

Entzaubert wurde der Speicher, als meine Brüder jeweils einen der Räume bezogen und das kleine Dachfenster durch ein modernes, wesentlich größeres ersetzt wurde. Nun gab es keine verborgenen Geheimnisse mehr, die in lange verschlossenen Kisten oder dunklen Ecken auf ihre Entdeckung warteten.

Mittlerweile hat sich viel innerhalb der Familie verändert. Meine Geschwister sind längst ausgezogen und bewohnen eigene Häuser mit teils als Wohnraum ausgebauten, teils ungenutzten Speichern. Opa und Oma, denen das Haus einst gehörte und die in der Erdgeschosswohnung lebten, sind schon lange verstorben. Und auch mein Vater wurde bereits Ende der Neunziger Jahre des letzten Jahrhunderts aus unsrer Mitte gerissen. Jetzt bewohnen nur noch meine Mutter und ich das alte Haus.

Auf dem Speicher lagern einige Möbel, die teilweise keinen Platz in der Wohnung gefunden haben, teils auch nicht mehr benötigt werden. Der Christbaumschmuck aus meinen Kindertagen ist zum größten Teil nicht mehr vorhanden. Das Lametta wurde entsorgt, als es unansehnlich aussah, die elektrische Baumbeleuchtung brannte irgendwann nicht mehr und musste durch LED-Ketten ersetzt werden und die alten Glaskugeln hat meine Schwester mitgenommen. Selbst den grünen Keramikständer mit dem Metalleinsatz und den Schrauben gibt es nicht mehr. Er wurde durch einen aus Plastik und mit einem Seilspannsystem, welches mit einem Fuß betrieben werden kann, ersetzt.

Was geblieben ist, ist die Tradition einen echten Tannenbaum aufzustellen – mal getopft, aber meist geschlagen. Allerdings steht er nicht mehr im Wohnzimmer, sondern auf dem zunächst überdachten, heute jedoch geschlossenen Balkon. Dort wird er mit Strohsternen, kleinen bemalten Holzfigürchen nach Erzgebirgsart, einfachen, verschiedenfarbigen Minikugeln und aus Draht geformten Figuren behangen. Ein bis zwei – je nach Größe des Baums – LED-Lichterketten sorgen für die stimmungsvolle Beleuchtung. Während letztere in ihren Verpackungen hinter dem mit Türen versehenen Drempel aufgebahrt werden, befindet sich der Baumschmuck in einer alten Teedose, die im Abstellraum im Obergeschoss steht.

Versehen mit einem Timer leuchtet unser Weihnachtsbaum einmal morgens von halb sieben bis um acht Uhr und abends von siebzehn bis zweiundzwanzigdreißig. Nach Möglichkeit holen meine Mutter und ich ihn uns beim ortsansässigen Verkäufer bereits zu Beginn der Adventszeit, um möglichst lange Freude an seinem Anblick zu haben.

Und noch ein wichtiges weihnachtliches Schmuckstück, nämlich die Weihnachtskrippe, befindet sich – das Stallgebäude in einem großen Karton, die Figuren, einzeln in Luftpolsterfolie verpackt, in einer Plastikkiste – auf dem Speicher.

Zu meiner Kinderzeit gab es diese Ausführung noch nicht. Ihre älteste Vorgängerin wurde auch nicht auf dem Dachboden aufbewahrt, sondern in einem Schrank in der Wohnung meiner Oma. Die als Fachwerkhaus mit Stall bemalte Holzkonstruktion besaß noch Fenster, hinter die rotes Seidenpapier geklebt worden war. Ein winziges Birnchen, das mit einer Batterie verbunden war, sorgte für schummriges Licht im Rücken der Heiligen Familie. Ochs und Esel hatten bogenförmige Aussparungen links und rechts der Öffnung.

Das Gebäude wurde von Omas ältestem Bruder Josef gebastelt, als er in jungen Jahren länger krank war. Somit dürfte das Ensemble mittlerweile etwa Hundert Jahre alt sein. Die kleinen, aus bemaltem Gips gefertigten Figuren waren allerdings nach Fertigstellung hinzugekauft worden.

Die Weihnachtskrippe meiner Eltern hingegen lagerte, bis sie am Heiligen Abend aufgestellt wurde, auf dem Speicher. Sie war zwar wesentlich größer, bestand aber nur aus einem gekauften Stallgebäude und bunten Figuren aus einer mir unbekannten Kunstmasse. Sie wurde in den 1990er Jahren durch eine wesentlich kunstvollere Krippe ersetzt. Wohin die einfachere Ausführung gelangte, weiß ich nicht.

Durch ein Projekt, bei dem ich nicht nur die Zahlen eines Zifferblattes auf Stoff stickte, sondern auch jeweils die passende Anzahl an Tieren, Pflanzen oder Gegenständen, benötigte ich die Hilfe eines Schreiners. Ich beauftragte ihn mir nicht nur einen passenden achteckigen Rahmen zu bauen, sondern auch eine Glasscheibe darin einzupassen, die mein Werk schützte. Bei dieser Gelegenheit begleitete meine Mutter mich.

Im Ausstellungsraum der Schreinerei befand sich eine Vielzahl von Schnitzereien. Auch einige Krippenszenen mit eingefärbten und naturbelassenen Holzfiguren waren darunter. Besonders gut gefielen meiner Mutter die unbemalten. Als ich meine fertige Uhr abholte, entschloss meine Mutter sich zum Kauf eines Heiligen Paares und des passenden Jesuskindes in der Krippe. Ein passender Stall aus rohem Holz kam durch die Vermittlung einer Bekannten ins Haus.

Zunächst wirkte die Krippenszene recht spärlich, wurde allerdings im folgenden Jahr durch Zukauf von einem Hirten und den Heiligen drei Königen ergänzt. Es folgten nach und nach einige Schafe, ein

Kamel, ein Schäferhund und eine Ziege. Diese Tierfiguren stammten allerdings nicht mehr aus der Schreinerei, sondern wurden auf der Veranstaltung „Freizeitkünstler stellen aus" von einem Hobbyschnitzer erstanden. Zuletzt gesellte sich aus derselben Werkstatt ein Engel hinzu. Damit war für uns die Weihnachtskrippe komplett.

Im Grunde genommen ist es schade, dass sie, wie ihr Vorgänger, die meiste Zeit des Jahres auf dem Speicher darauf wartet, erst im Advent wieder aufgestellt zu werden.

So ist der Dachboden wieder zu dem geworden, was er in meiner Kindheit war: ein Abstell- und Aufbewahrungsbereich.

20. Dezember

Der Weihnachtsmann im Katzenrevier

Heute möchte ich, die Katze Kiki, von einem ganz besonderen Erlebnis berichten.

Die Kinder Janina und Henrik waren ganz aufgeregt, denn es war Heiligabend. Seit dem frühen Morgen liefen sie durchs Haus und fragten abwechselnd ihre Mutter oder ihren Vater, wann denn endlich der Weihnachtsmann kommen würde.

Immer wieder erhielten sie die gleiche Antwort, dass er erst nach dem Kaffeetrinken käme. Dennoch rannten die vierjährigen Zwillinge durchs ganze Haus und waren ihren Eltern ständig im Weg.

Die gereizte Stimmung, welche sich immer mehr steigerte, blieb auch uns Katzen nicht verborgen. Meine Schwester Koko und ich jagten uns gegenseitig und balgten uns, als wären wir Kitten. Dabei hatten wir bereits fünf Jahre ins Land gehen sehen. Damit steigerten wir das Chaos nur noch mehr. Aber irgendwie mussten wir den Stress loswerden.

Nach dem Mittagessen beschloss Maja, die Mutter der Zwillinge und unsere Dosenöffnerin, die Großeltern anzurufen. Oma und Opa sollten die Kinder abholen und mit ihnen etwas unternehmen, damit sie müde wurden. Damit hoffte sie, etwas Ruhe ins Haus zu bekommen.

Kaum waren Janina und Henrik aus der Haustür, rollten Koko und ich uns in unserem Körbchen zusammen und schliefen vor Anstrengung ein. Katzen brauchen nämlich viel Schlaf und hassen es, wenn sie daran gehindert werden.

Die Uhr im Wohnzimmer schlug viermal zur vollen Stunde, als die Zwillinge mit Oma und Opa zurückkehrten. Zwar setzten sie sich mit den Erwachsenen an den Kaffeetisch, stocherten aber eher lustlos in ihrem Kuchenstück herum.

„Erst, wenn ihr aufgegessen habt, kommt der Weihnachtsmann", mahnte die Mutter sie. Regelmäßige Mahlzeiten waren für die etwas untergewichtigen Kinder ein Muss. Auch, wenn sie verstehen konnte, dass die Aufregung an deren Appetitlosigkeit schuld war, bestand sie auch an diesem Tag darauf.

Da Janina und Henrik wussten, dass ihre Mutter sie nicht anlog, schlangen sie schnell die zerkrümelten Kuchenstücke in sich hinein und spülten sie mit dem Kakao herunter.

„Jetzt kann der Weihnachtsmann kommen", bestätigte Henrik, während seine Schwester dazu nickte.

Nur wenige Minuten später klingelte es an der Haustür. Beide Kinder zuckten erschrocken zusammen, während Koko und ich uns neugierig auf den Weg in den Flur machten. Der Vater folgte uns und öffnete die Tür.

Davor stand ein Mann mit einer roten Jacke, einer ebensolchen Hose und Mütze. Verziert waren alle drei Kleidungsstücke mit weißem Pelz. Das Gesicht war mit einem riesigen, weißen Bart überwuchert. Über dem Rücken hing ihm ein großer Sack, der schwer sein musste, weil die seltsame Gestalt vornübergebeugt hereintrat.

„Hallo, Weihnachtsmann", begrüßte der Vater ihn und wies auf die Wohnzimmertür.

„Das ist also der Weihnachtsmann", stellte ich fest und knipste Koko mit beiden Augen verschwörerisch zu.

Sie erwiderte mein Lachen und meinte: „Warum riecht er denn nach Onkel Jochen?"

„Wir sollten herausfinden, wer der Mann ist; nicht, dass er Henrik und Janina in diesen Sack steckt und mitnimmt", schlug ich vor, ehe ich ihr meinen Plan mitteilte.

Gerade war der Weihnachtsmann im Wohnzimmer angekommen und dabei, seinen Sack auf den Boden zu stellen, da sprang ich ihm auf den Rücken, krallte mich in der roten Mütze fest und riss sie ihm vom Kopf. Gleichzeitig katapultierte Koko sich aus dem Stand in die Luft und tatzte nach dem weißen Bart. Auch sie hatte Erfolg, sodass wir beide mit unseren Beutestücken schnell unterm Weihnachtsbaum verschwanden.

„Onkel Jochen!", riefen die Kinder erstaunt, während alle Erwachsenen im Chor stöhnten: „Oh, nein!"

Der enttarnte Weihnachtsmann hingegen ergriff die Gelegenheit und erklärte den Geschwistern: „Der Weihnachtsmann hat soviel zu tun, dass er mich bat, bei euch einzuspringen." Dann griff er in den Sack und überreichte jedem der Kinder ein Geschenk, das in buntes Papier eingepackt war. „Und das hat er mir für euch mitgegeben."

Schnell vergaßen Janina und Henrik den peinlichen Zwischenfall und rissen die Verpackungen auf. Leuchtende Kinderaugen bestaunten ihre Geschenke, die nicht die einzigen waren, welche der „Vertretungsweihnachtsmann" ihnen an diesem Nachmittag bescherte.

Koko und ich blieben, bis alle zu Bett gegangen waren, unsichtbar, obwohl wir uns heimlich einen Teil des raschelnden Papiers und die Schleifen sicherten.

21. Dezember

Plätzchenkrümel sind wie Tannennadeln

Plätzchenkrümel sind wie Tannennadeln. Zu einer ganz bestimmten Zeit im Jahr, die Advent heißt, kann man beides überall finden. Obwohl die Plätzchen bereits viel früher in den Regalen der Märkte auftauchen als die Weihnachtsbäume oder Handsträuße.

Meist beginnt im September eine heimliche Invasion der süßen Weihnachtsgebäcke. Woche für Woche schleichen sich immer mehr Sorten in die Läden hinein, bis sie schließlich alle vertreten sind.

Bald gibt es kaum ein Geschäft, in dem man nicht auf Berge von Plätzchen und andere typische weihnachtliche Süßigkeiten trifft. Rot-weiße Weihnachtsmänner in allen erdenklichen Größen lachen einen aus den Regalen in den Lebensmittelläden an. Auch die Drogerien drapieren Pappaufsteller mit Lebkuchen, Zimtsternen und Vanillekipferln. Ihnen folgen an exponierten Stellen Nugathappen und Schokoladenkugeln – mal gefüllt mit alkoholischen Massen oder nur Schokolade, mal ohne Inhalt.

Als Kunde kann man gar nicht anders, als dicht daran vorbei zu laufen. Dabei greifen die Hände, ehe man sich versehen hat, nach der einen oder anderen Packung. Erst an der Kasse merkt so mancher, dass er der Versuchung auch diesmal nicht widerstanden hat. Dennoch nimmt man sie, voller Vorfreude gerne mit nach Hause. Und dort werden die leicht krümelnden Leckereien nicht etwa – wie man es sich noch auf dem Heimweg vorgenommen hat – im Schrank deponiert und für die Adventszeit aufgespart. Nein, die Versuchung wenigstens eines zu probieren, ist zu groß. Man beißt hinein – wobei schon die ersten Krümel auf den Boden regnen – und genießt. Dem ersten Plätzchen folgen weitere, und ehe man sich versehen hat, ist die Tüte leer. Nur einige Krümel in der Verpackung und auf dem Fußboden zeugen vom Verschwinden des leckeren Gebäcks.

Ende November kommen noch weitere Verkaufsflächen hinzu: die Weihnachtsmärkte. In jeder Stadt werden auf Plätzen oder in den Fußgängerzonen Holzbuden oder Stände aufgebaut, an denen, neben Kunsthandwerk, Handarbeiten, Waffeln und Bratwürsten, auch Plätzchen verkauft werden. Allein die in der Luft liegenden Gerüche und die stilvollen Verpackungen verlocken dazu, sich die eine oder andere Leckerei zu gönnen.

Wie soll man diesen Verführungskünsten widerstehen? Schließlich findet die Adventszeit nur einmal im Jahr statt, sagt man sich und kauft sich von den hausgemachten und nach Omas Originalrezept hergestellten Süßwaren gleich mehrere Tüten. Da nimmt man die sich gerne an den bevorzugten Essstellen verteilenden Krümel gerne in Kauf.

Mit Weihnachtsbäumen verhält es sich ähnlich, nur, dass diese meist eher im Freien und nicht ganz so früh im Herbst angeboten werden. Doch auch ihre getopfte Variante steht bereits – wenn auch nur vereinzelt – ab Ende Oktober in den Baumärkten.

In der Adventszeit hingegen kann man sich vor dem Anblick der Tannen, Fichten oder Kiefern gar nicht mehr retten. Sie finden sich als bewurzelte und in einen schwarzen Kübel gepflanzte oder geschlagene Version nicht nur mehr in den Handwerkermärkten. Nun bieten auch Lebensmittelläden, Gärtnereien und Blumengeschäfte sie an. Annoncen in Tageszeitungen und Mitteilungsblättern werben für weitere Verkaufstellen. Bei einigen kann man teils geschlagene Bäume erwerben oder sie sogar selbst absägen.

Mit der Eröffnung der Weihnachtsmärkte findet sich auf jedem garantiert auch ein Stand, an dem man seinen künftigen Christbaum aussuchen und erwerben kann. So kommt man auch kaum daran vorbei sich einen Baum ins Haus, auf den Balkon oder die Terrasse zu stellen.

Geschmückt wird dieser meist traditionell an Heiligabend, wobei es einige Leute gibt, die bereits am Adventsbeginn dieser Leidenschaft frönen. Sie möchten sich möglichst lange an ihrer Edeltanne erfreuen.

So manches Mal vereinen sich Plätzchen und Weihnachtsbaum entweder bereits im Einkaufswagen, im Auto oder spätestens in der Wohnung ihrer neuen Besitzer. Dort kommt es meist zu einem Phänomen, dass so manche Hausfrau aufregt: Die Nadeln und Plätzchenkrümel verteilen sich auf dem Boden.

Während sich die Krümel meist erst im Haus und dort eher begrenzt wiederfinden, zieht sich eine Tannennadelspur hinter einem her, sobald man den Baum aus dem Auto lädt. Von dort bis zum vorläufigen oder endgültigen Standplatz kann man den verlorenen grünen oder silbrig gefärbten Blättern der Tannen folgen.

Glaubt man, nachdem der Baum in der Wohnung oder auf seinem Warteplatz auf Balkon oder Terrasse steht, nach einmaligem Kehren das Problem gelöst zu haben, wird man eines Besseren belehrt. Hier und da findet sich immer mal wieder eine Nadel, ob auf dem zurückgelegten Weg oder im Auto. Besonders gerne verhaken sie sich in Teppichen oder Teppichböden. Dort verzweifelt sogar die mit dem Staubsauger bewaffnete Person.

Die nächste Phase der Tannennadelverteilung erfolgt, sobald der Baum von seinem Lagerplatz ins Wohnzimmer gebracht wird. Zunächst zeigt eine Nadelspur den Weg. Das erinnert mich an das Märchen „Hänsel und Gretel“. Aber halt! Da waren es ja Brotkrumen und keine Tannennadeln. Anschließend fallen die „Blätter“ – sowohl beim Hineinstellen und Ausrichten in dem Ständer, beim Öffnen des die Äste umschließenden Netzes als auch beim Schmücken der Zweige. Wieder einmal müssen Staubsauger oder Besen und Handschaufel bemüht werden.

Steht der mit allerhand Zierrat behangene und mit Kerzen erhellte Baum endlich als Weihnachtsbaum im Zimmer, ist es mit der Nadelei noch nicht vorbei. Eigentlich müsste es ein Lied geben, das dieses heimliche Phänomen besingt. Leise und vereinzelt fallen die Nadeln, weil es nun einmal in der Wohnung warm ist und der Baum – obwohl er gegossen wird – langsam abstirbt. So kommen die Säuberungsutensilien, bis die Tanne abgeschmückt und aus dem Wohnraum entfernt wird, des Öfteren zum Einsatz.

Schließlich endet die Weihnachtszeit, der Baum nadelt immer mehr und es wird beschlossen, den Schmuck und die Kerzen zu entfernen. Bereits dabei rieselt es gewaltig. Doch das ist nichts gegen die Spur, welche sich beim Hinaustragen der Tanne, hinter dieser her zieht. Hänsel und Gretel hätten ihre Freude daran gehabt, wenn sie sich nicht ohnehin im Wald befunden hätten. Stattdessen wird die Fährte mit dem Staubsauger oder Besen und Schaufel verfolgt und beseitigt.

Glaubt man hingegen, dass nach der Weihnachtszeit und dem Entfernen des Baumes aus der Wohnung endlich Schluss mit den Tannennadeln ist, hat man sich zu früh gefreut. Vereinzelt findet man auch bis in den Sommer hinein noch die eine oder andere in den Ecken des Wohnzimmers, des Flurs oder in dem Flor eines Teppichs.

Auch der eine oder andere Krümel schafft es, sich zu verstecken und kommt – wie seine Freundin, die Tannennadel – erst zum Vorschein, wenn sämtliche Möbel vorgerückt werden. Daher: Plätzchenkrümel sind wie Tannennadeln.

22. Dezember

Ein Lama kam nach Bethlehem

Ein Lama kam nach Bethlehem,
wollt' selbst einmal zur Krippe gehn.
Die Reise war zwar unbequem,
doch musste es das Christkind sehn.

Es brachte als Geschenk gar mit,
den Gutschein für 'nen Lamaritt.
Es fand, dass niemals sie zu dritt
den Esel ritten einen Schritt.

Doch Josef dacht', er sei zu schwer,
drum ging er lieber nebenher.
Maria meint', dass sie bisher
auf Eseln gern geritten wär.

„Dann trag' ich eben das Gepäck“,
meinte darauf das Lama keck.
„Josef, bekomm' jetzt keinen Schreck.
Gott schuf mich doch zu diesem Zweck.“

„Mein Heimatland ist zwar recht fern;
trotz allem folgte ich dem Stern.“
So trägt das Lama heut' noch gern
Gepäck und Lasten für den Herrn.

23. Dezember

Ein Geschenk für mich

Heute habe ich etwas entdeckt: Es lag auf der grünen Decke unter der Sparversion des Weihnachtsbaumes. Zunächst dachte ich noch, mein Personal hätte seine rote Zipfelmütze mit dem weißen Pelzrand und der ebenso gefärbten Bommel dort liegen gelassen. Doch, als ich mich ihm näherte, wehte mir ein seltsamer Duft entgegen. Das musste ich mir genauer betrachten.

Zunächst schnüffelte ich an der Mütze, die nur einen leichten Geruch meines Personals aufwies. Dafür roch ich etwas für mich wahrlich Anziehendes: Lavendel. Damals wusste ich zwar noch nicht, wie das hieß, aber selbst meine Kittennase wusste dieses Dufterlebnis zu schätzen.

Erst jetzt fiel mir ein, dass meine Katzenmama immer gesagt hatte: „Ehe du deine Nase in etwas hereinsteckst, solltest du mit der Pfote prüfen, ob es nicht gefährlich ist." Dass sie damit ein vorsichtiges Berühren und ein schnelles Zurückziehen der Tatze gemeint hatte, war mir nicht klar. Bestimmt hatte sie das auch gesagt, denn meine Mama war eine kluge Kätzin.

Ich allerdings bin noch nie ein guter Zuhörer gewesen. Viel lieber habe ich mit meinen Brüdern gerauft oder träumend aus dem Fenster geschaut. Daher tippte ich erst jetzt die Mütze leicht mit der Pfote an.

Zumindest bewegte weder sie noch das harte Ding in ihrem Innern sich. Es schien also nicht zu leben, wodurch es mir weder durch Kratzen oder Beißen wehtun würde. Dass es auch Gegenstände gab, an denen ich mich verletzen könnte, dachte ich nicht.

Um festzustellen, was sich genau in der Mütze befand, musste ich dieses Ding irgendwie dort herausholen.

Zunächst saß ich ratlos davor und blickte von oben auf die Zipfelmütze. Doch mir wollte keine Idee kommen. Vielleicht sollte ich erst einmal mit der dicken Bommel spielen. Kaum gedacht, tatzte meine linke Vorderpfote bereits nach dem weichen Teil. Aber auch die rechte wollte mitmachen und fuhr ihre Krallen aus. Leider wussten die blöden Füße noch nicht, dass sie nicht gleichzeitig mit der Bommel spielen konnten. Plumps, lag ich auf dem Bauch. Naja, hätte schlimmer kommen können!

Aus dieser Position sah das Problem mit dem Ding in der Mütze gleich ganz anders aus. Zwischen dem weißen Pelzrand oben und unten ragte weißes Papier heraus, das mit grünen, goldenen und roten Farben bemalt war. Außerdem konnte ich ein rotes Band erkennen, welches über dem Papier lag.

Um mir das Ganze näher zu betrachten, musste ich wieder einmal die Pfoten einsetzen. Diesmal aber passte ich auf, dass ich nur einer die Erlaubnis gab, sich auf die Mütze zuzubewegen. Wer konnte schon wissen, was geschah, wenn ich beide einsetzte. Wahrscheinlich kämen sie wieder auf dumme Gedanken und wollten spielen, wo ich doch jetzt Wichtigeres zu tun hatte.

Vorsichtig fuhr ich die Krallen aus und hakte nur eine in den Pelz ein. Mit dieser zog ich den Stoff ein Stück hoch, um in das Innere der Mütze zu äugen. Auf der Seite liegend – damit die rechte Pfote ja keine Chance hatte, sich einzumischen – stellte ich fest, dass das Ding den ganzen Raum in der Mütze ausfüllte.

Die ganze Zeit über berauschte mich dieser betörende Duft, sodass es mir schwerfiel, langsam und vorsichtig vorzugehen. Kann man es mir verdenken, dass ich nun die Geduld verlor?

Ich zog kräftig an der Zipfelmütze und legte dadurch ein kleines Paket mit einem Band und einer roten Schleife frei: ein Geschenk für mich!

Sogleich rutschte ich näher an diese Gabe heran und rieb zunächst mein Köpfchen an dem herrlich blumigen Präsent. Einerseits kennzeichnete ich es so mit meinem Eigengeruch, andererseits duftete zumindest ein Körperteil von mir nach Lavendel.

Um meinen Brüdern klar zu machen, dass sie keinen Anspruch auf das Päckchen hatten, legte ich mich nun ganz darauf. Wohlig schnurrend rieb ich meinen ganzen Leib an der Gabe des Christkindes, indem ich mich auf ihr hin und her wendete.

Zum Auspacken bin ich leider nicht mehr gekommen, da mich der betörende Duft ins Reich der Träume gleiten ließ. Dort wandelte ich im warmen Sonnenschein durch riesige Lavendelfelder.

24. Dezember

Das Jesuskind in des Engels Armen

„Es liegt in der Krippe", hörte ich meinen Sohn Max sagen, als die Kinder zur Haustür hereinkamen.

Dann polterten ihre Schuhe von den Füßen auf die Dielen. Sicherlich waren sie so schneebeladen wie die Tannenbäume im nahen Wald, welche sich in weiße Kleider gehüllt zu haben schienen.

„Es liegt eben nicht in der Krippe!", behauptete jetzt Isabell, meine Jüngste. Sie warf ihren Wintermantel auf den Küchentisch.

„Wo soll es denn sonst sein?", wollte Max wissen und feuerte seine rote Mütze dazu. Isa behauptete immer, dass sie mit ihrer weißen Bommel wie die des Nikolaus' aussehen würde.

„Der goldfarbene Engel hält es in den Armen. Das habe ich in der Kirche gesehen, als der Pfarrer die Krippe aufgestellt hat", begründete die Kleine ihre Behauptung.

Mit Schwung landete nun auch die Jacke meines Sohnes bei den anderen Kleidungsstücken.

„Rede nicht so ein dummes Zeug, Isa! Das Kind hat schon immer in der Krippe gelegen; erst recht in der Kirche. Wieso sollte es ausgerechnet ein Engel in den Armen halten?" An Max' Tonfall hörte ich, dass er genervt war. Die Diskussion der Geschwister musste wohl schon eine Weile angedauert haben, denn sonst war er die Langmut in Person – jedenfalls seiner kleinen Schwester gegenüber.

Neugierig kam ich aus dem Wohnzimmer. Die Rüge wegen der Klamotten blieb heute aus. Stattdessen forderte ich meine Kinder auf: „Kommt ins Wohnzimmer und setzt euch einmal hin. Dann könnt ihr mir in Ruhe erzählen, was euch beide so aufregt."

Ich ging vor und ließ mich wieder in meinen Ohrensessel sinken. Sobald ich die Wolldecke über meine Beine gebreitet hatte, sprang unsere schildpattfarbene Katze auf meinen Schoß und rollte sich dort schnurrend zusammen. Während ich Mausi mit einer Hand streichelte, zeigte ich mit der anderen auf die Couch. „Setzt euch dort hin und erzählt mir einmal, was euch so laut streiten lässt!"

Noch auf dem Weg ins Wohnzimmer hatten die Geschwister sich

gegenseitig angeblafft. Daher nahmen sie jeweils am entgegengesetzten Ende des Sitzmöbels Platz und platzten gleichzeitig mit ihren Erklärungsversuchen heraus.

Da ich kein Wort von dem Durcheinander verstand und mir durch die immer lauter werdenden Stimmen der Kopf dröhnte. Beschloss ich, so zu tun, als wollte ich den Raum verlassen. Ich nahm die bereits sprungbereite Mausi auf den einen Arm, während ich die Decke zurückschlug. Dann stand ich auf und ging in Richtung Tür.

Plötzlich verstummten die streitenden Kinder hinter mir. „Mama, wo willst du denn hin?", fragte Max ganz kleinlaut.

„Mama, bleib hier!", bat nun auch Isabell mit zuckersüßer Stimme.

Betont langsam drehte ich mich zu ihnen um. „Mausi und mir ist es hier zu laut. Wenn ihr euch darauf geeinigt habt, wer zuerst redet und das ohne Geschrei, kommen wir wieder."

Ich hatte mich noch nicht umgewandt, als Isabell bereits aufsprang und mir hinterherlief. Max blieb zwar sitzen, meinte aber diplomatisch: „Dann soll Isa eben erzählen, was sie in der Kirche gesehen haben will."

„Aber nur, wenn du mich ausreden lässt", merkte die Kleine an. Sie blickte bittend zu mir auf.

„Gut, Mausi und ich kommen zurück", gab ich scheinbar nach und ging zu meinem Ohrensessel zurück. Diesmal setzte ich mich demonstrativ nur auf den vorderen Rand des Sitzmöbels und behielt Mausi auf dem Arm. Der Katze schien das recht zu sein, denn auch sie traute dem Braten genauso wenig wie ich.

Isabell hatte sich inzwischen auch wieder auf ihren Platz auf der Couch begeben und wartete nur darauf, bis ich endlich saß. Und dann sprudelte es nur so aus ihr heraus. „Erst haben wir gesungen. Dabei hat der Pfarrer mit noch zwei Männern die Weihnachtskrippe aufgebaut. Und dabei …"

„Währenddessen. Das heißt währenddessen und nicht dabei!" Max konnte es nicht lassen, seine Schwester zu unterbrechen.

„Ist doch egal!", war Isabells knappe Entgegnung, ehe sie fortfuhr: „Jedenfalls haben sie erst …"

„Das interessiert Mama doch gar nicht", rief Max aus. „Erzähl nur, was wichtig ist, Isa!"

„Und was ist wichtig?", maulte seine kleine Schwester.

„Die Figuren. Es geht doch nur um die Krippenfiguren." Langsam verlor Max die Geduld.

Isabell brauchte einen Moment, ehe sie weiterreden konnte. Wahrscheinlich musste sie den Aufbau im Schnelllauf an ihrem inneren Auge vorbeiziehen lassen, um zum Wesentlichen kommen zu können. Fast hätte ihr Bruder übernommen, das sah ich ihm an. Doch ein Blick von mir genügte, um ihn davon abzuhalten.

„Also ... Die Figuren haben der Pfarrer und seine Schwester Agnes aus den Kartons geholt", fuhr meine Kleine fort. Die Anstrengung, nicht den Faden zu verlieren, war ihr deutlich ins Gesicht geschrieben. „Erst haben sie Maria und Josef ..."

„Das dauert mir zu lange!", bremste Max Isa aus. „Wenn du bei Adam und Eva anfängst, ..."

„Das tue ich doch gar nicht", piepste Isabells Stimmchen. „Die Eltern von Jesus heißen Maria und Josef und ..."

„Mama, lass mich weitererzählen, sonst sitzen wir an Heiligabend noch hier", bat mein Großer und schickte einen Stoßseufzer hinterher.

„Nun gut, Max, dann komm du zum wichtigen Teil!", griff ich ein, ehe er platzte.

„Warum darf ich ...", begehrte Isabell auf.

„Du kannst da weitererzählen, wo Max wahrscheinlich aufhören wird", beruhigte ich meine Tochter.

Leicht fiel es ihr nicht, ihrem Bruder den Erzählpart zu überlassen, aber vorerst gab sie nach.

„Der Pfarrer und Fräulein Agnes stellten alle Figuren an ihre Plätze. Nur das Jesuskind kam noch nicht in die Krippe, denn das wird erst am Heiligen Abend vom Pfarrer feierlich dort hineingelegt."

„Soweit, so gut", fühlte ich mich bemüßigt, meinen Kommentar hinzuzufügen. „Das war doch schon immer so und wird wahrscheinlich auch so bleiben. Ich verstehe nicht, warum ihr beide euch eben so gestritten habt."

„Weil der Pfarrer das Jesuskind dem Engel in die Arme gelegt hat“, belehrte Isabella mich.

„So ein Blödsinn!“, rief Max aus und sprang auf.

„Selber Blödsinn!“, schrie nun Isa und tat es ihm gleich.

Diesmal reichte es unserer Katze. Sie sprang mit einem Satz von meinem Schoß und sauste aus dem Wohnzimmer. Aber das bekamen die beiden Streithähne gar nicht mit. Beide stemmten die Arme in die Seiten und blickten sich wütend an.

Bevor sie sich noch an die Gurgel gehen konnten, stellte ich mich zwischen sie. Erstaunt blickten sie mich an.

„Ich rufe jetzt den Pfarrer an“, informierte ich die beiden und griff nach dem Telefon.

Den guten Mann erreichte ich zwar nicht, aber dessen Schwester. Und das war auch besser so, wie ich erfahren sollte.

Nachdem ich Agnes geschildert hatte, was ich von Isabell erfahren hatte, lachte sie laut los. „Ach, dort ist die Jesusfigur geblieben“, sagte sie erleichtert. „Der Markus hat vielleicht einen Aufstand gemacht, als er sie nicht finden konnte. Dabei habe ich sie ihm persönlich übergeben, weil er nachschauen wollte, ob sie keinen Schaden genommen hat. Als er die Figuren vom Speicher der Kirche geholt hat, ist ihm nämlich der Karton heruntergefallen. Doch zum Glück verpacke ich die Krippenfiguren immer in mehrere Lagen Luftpolsterfolie. Ich weiß doch, wie ungeschickt Markus sein kann. – Jedenfalls hat er keine Beschädigung gefunden und das Jesuskind angeblich zurück in seinen Karton gelegt. – Ich kann dir sagen, Johanna, Markus hat mir vielleicht eine Szene gemacht, als wir fertig aufgebaut hatten und ausgerechnet diese wichtige Figur verschwunden war. Stattdessen lag ein Lamm in der Krippe. Ich habe ihm gesagt, dass dies auch so bleiben könnte, wenn sich das Kind nicht mehr finden ließe, denn schließlich wird unser Heiland auch als „Lamm Christi“ bezeichnet. Du glaubst gar nicht, wie Markus mich angeschaut hat, ehe er, etwas von Krankenbesuch murmelnd, davongerauscht ist. – Ich werde meinem Bruder mitteilen, dass sich das Jesuskind dank der aufmerksamen Isabell wiederaufgefunden hat. Richte dem Kind von mir aus, dass der Pfarrer und ich ihm sehr dankbar für seinen Hinweis sind. Ich werde mir etwas überlegen, wie ich Isabella eine Freude machen kann. – Ach da fährt Markus gerade in den Hof. Der wird Augen machen, wenn ich mit ihm in die Kirche gehe und ihm zeige, wo er das verloren geglaubte Kind wiederfindet. Nochmals vielen herzlichen Dank für den Hinweis, Johanna."

Natürlich richtete ich meiner Kleinen aus, was Agnes gesagt hatte. Max' Kinnlade klappte herunter, ehe er sich aus dem Wohnzimmer schlich.

„Ich hab's ja gleich gesagt", stellte Isa bestimmt fest. „Der Engel hat das Jesuskind auf dem Arm. Da soll der Max noch mal sagen, ich würde Blödsinn reden!" Dann schüttelte sie ihr Köpfchen, dass die blonden Zöpfe nur so flogen. „Diese Männer! Stiften nur Chaos!" Mit diesen Worten verließ auch sie, aber mit festen Schritten und fast königlich schreitend, den Raum.

Ich war mir sicher, dass sie diese Geschichte ihrem Bruder noch lange aufs Brot schmieren würde. Und sicherlich würde sie auch im Kinderchor die Runde machen. Von dort würde sie sich schließlich im ganzen Dorf verbreiten. Der Pfarrer konnte sich noch auf einiges gefasst machen! Aber die Hauptsache war, dass sich die Figur noch vor dem Heiligen Abend wiedergefunden hatte. Nicht auszudenken, wenn die ganze Gemeinde die neue Anordnung der beiden Figuren vor dem Pfarrer bemerkt hätte! Eine solch lustige Messfeier hätte es wohl kein zweites Mal gegeben.

Dank

Für das Bereitstellen und das Organisieren von Fotos am Tag nach meinen Anrufen bei dir, liebe Michaela, gilt dir meine besondere Anerkennung. Danke auch für die Ideen zu den Motiven und das abschließende Korrekturlesen der Beiträge.
Bei der Auswahl meiner eigenen Fotos standest du mir stets beratend zur Seite, Mama. Außerdem war du meine erste Leserin der Rohfassungen und hast gleich die ersten Tippfehler oder Ungereimtheiten erkannt.
Ursula, dein Lektorat hat meine Texte aufgewertet. Deine „Adleraugen" erspähten den Fehlerteufel nicht nur, sondern trieben ihn in die Hölle zurück. Außerdem hast du ohne zu zögern meiner Bitte entsprochen und mir ein einzigartiges Aquarelle und eine Bleistiftzeichnung passend zum jeweiligen Text angefertigt.
Yvonne, du hast mir nicht nur deine Zeit zur Verfügung gestellt, sondern auch deine Erfahrung beim Einstellen dieses Werkes bei BoD eingebracht. Zusätzlich hast du zur Gestaltung des Covers beigetragen. Danke auch dir.

Über die Autorin

Andrea Rohn lebt in einem kleinen Ort im Westerwald. Seit ihrer Kindheit schreibt sie Fantasy-Geschichten und Lyrik. Ihre Sensibilität half ihr bereits früh, sich in fremden Welten heimisch zu fühlen. Speziell die Lyrik wurde für sie zu einem Ventil der Verarbeitung ihrer, mit den Jahren fortschreitenden, seltenen Erkrankung.

Einige ihrer Gedichte wurden in Anthologien veröffentlicht. Zusammen mit drei Frauen ihres Schreibkreises veröffentlichte sie 2022 den Adventskalender „Im Advent kann viel geschehen".

Im Lyrik-Band „Es floss so flink aus meiner Feder" zeigt sie ihr breites Ideen-Spektrum. Mit dem Gedicht-Band „Weiches Fell mit klugem Köpfchen" stellt sie die vielen Facetten der Katzen in den Mittelpunkt. Die Erlebnisse mit ihren eigenen „Pelzchen" sind in dem Buch „Katzen in meinem Leben" nachzulesen.

In einem Roman-Zyklus über das Großkönigreich von *Glendalach* entführt sie in eine Welt voller Magie. Dennoch kämpfen ihre Protagonisten mit sehr menschlichen Problemen und Gefühlen.

Sie ist Mitglied der Autorenwerkstatt „Flügelwort" und eines privaten Frauen-Schreibkreises.